ちくま新書

移民大国アメリカ

西山隆行
Nishiyama Takayuki

1193

移民大国アメリカ【目次】

はじめに　009

第一章　アメリカ移民略史　017

第二章　移民政策　049

第三章　移民の社会統合――教育・福祉・犯罪　087

はじめに

†トランプ現象と移民問題

二〇一六年は、アメリカ大統領選挙の年に当たる。共和党候補となることを目指しているドナルド・トランプは、二〇一五年夏に、メキシコ経由でアメリカに入国してくる不法移民を、殺人犯であり、強姦魔だと評した。トランプは、メキシコからの不法移民流入を防ぐため、米墨（アメリカ―メキシコ）国境に万里の長城を築き、その費用をメキシコ政府に負担させるとも主張した。一連のトランプの発言は、良識ある人々の反発を招いたものの、驚くことに、共和党支持者の間でトランプに対する支持率は上昇し、トランプは共和党候補の中で最も支持を集めることになった。この事態は「トランプ現象」として注目されるようになり、移民問題が突如、二〇一六年大統領選挙の重要争点として浮上したのである。

移民大国であるアメリカでは、近年中南米系とアジア系の移民が急増しており、二〇五〇年までには中南米系を除く白人は人口の五〇%を下回ると予測されている。近年の選挙では、民主党が移民や黒人などのマイノリティの票を確保できているのに対し、共和党はマイノリティの票をあまり獲得できていない。長期的には共和党もマイノリティの票獲得に本腰を入れる必要が出てくることもあり、当初は、二〇一六年選挙では民主、共和両党ともに移民に好意的な立場を示すようになって、移民問題は争点とならないのではないかと予想されていた。

しかし、そこへ冒頭に述べたトランプ現象が出現した。この現象は、不法移民を批判すれば共和党支持者の支持を獲得できるとの思いを共和党候補に与え、共和党有力候補は移民問題を積極的に取り上げるようになった。

著名な神経外科医でもあるベン・カーソンは、米墨国境地帯にフェンスを建てて、二分の一マイルごとに警備員を置くとともに、密入国斡旋人が米墨国境地帯に地下通路を作って人を入国させようとする可能性があるため、兵器を搭載したドローンを飛ばしてそれを爆撃すると宣言した。カーソンは一時期、トランプと第一位の支持率を争うまでになっていた。その一方、当初最有力候補と目されていたジェブ・ブッシュは、不法移民に寛大な態度を示していることをトランプやカーソンらから批判され続け、その支持率は大幅に低下し、やがて二〇一六年二月には大統領候補争いからの撤退を余儀なくされた。

†「中南米系＝不法移民」という誤解

アメリカには、毎年一〇〇万人程の合法移民が入国している。それに加えて、国境線を不法に越境する人々や、ビザの期限が切れた後に不法に滞在し続ける人が存在する。そのような不法滞在者の数は一〇〇〇万人を超えており、彼らに対する反発がトランプの支持増大の背景にある。

建国期より一貫して多くの移民を受け入れてきたアメリカでは、合法移民を受け入れることについての批判はほとんどない。アメリカで議論される移民問題とは、多くの場合は不法移民をめぐる問題である。ただし、今日の不法移民の多くが中南米出身者であるため、不法移民＝中南米系とのイメージが浸透してしまっている。アメリカの世論は、今日アメリカに滞在している不法移民の数は、中南米系の人口とほぼ同等と誤って認識している。また、世論調査の結果を分析すると、中南米系、移民、不法移民という用語を入れ替えても、調査結果に有意な違いは出ないという。

このような状態では、不法移民に対する攻撃は、概念上は合法移民や中南米系に対する批判とは区別できるものの、合法移民、中南米系に対する批判ととらえられることが多い。

実質的には中南米系に対する批判を意図しつつも、それが中南米系に対するヘイト・スピーチととらえられるのを避けるために、不法移民に対する批判という形をとる人も存在する。

†シリア難民拒否の動き

二〇一五年一一月一三日にフランスでテロが発生した。同テロは、イスラム国と関係の深い人々によって行われたとされている。また、その中にはシリアからの難民を装ってEUに入った人もいると報じられた。テロリストが移民や難民の形をとって国内に流入してくる可能性は、アメリカでも二〇〇一年の九・一一テロ事件以後、しばしば議論されていた。米墨国境地帯を越えて不法移民が流入している以上、それにテロリストが紛れ込んだり、麻薬が流入したりする可能性は十分にあると指摘され、米墨国境警備は厳重化されていた。

また、同年一二月二日にカリフォルニア州のサンバーナーディーノの障碍者支援施設で銃乱射事件が発生した。その実行犯二人がSNSでイスラム国への忠誠を表明していたことも影響し、米国内でテロとは関係のないイスラム教徒への排斥の動きが目立つようになっている。

このような背景もあり、全米の三〇を超える州が、シリアからの難民を州内に受け入れることを拒否すると宣言した。また、トランプは一二月七日に、第二次世界大戦中に日系人の権利が大幅に制限され、強制収容されたことに言及しつつ、それと同様にイスラム教徒の入国を一時的に停止すべきと主張した。それに対して、オバマ大統領らは冷静になるようアメリカ国民に訴えかけるとともに、トランプには大統領となる資格がないと非難した。オバマは、「日本人移民と日系人を強制収容所に監禁したのは米国の最も暗い歴史の一つ」と指摘し、同じ間違いは決して繰り返さないと決意する必要があると主張している。

にもかかわらず、共和党支持者の中でトランプに対する支持は下がらず、一二月半ばに行われた各種調査では、共和党内での支持率は四割程度と、他候補を圧倒している。また、ロイター通信が一二月一一日に公表した調査では、二〇一六年の大統領選で共和党候補に投票すると回答した共和党支持者のうち、トランプの発言を侮辱的だと指摘したのは二九%に過ぎず、そう思わないと回答した人は六四%に及んでいる。共和党支持者のうち、トランプの発言が大統領就任の可能性を低下させたと回答した人の割合は四一%だった。一方、発言が侮辱的だと指摘した回答率は民主党支持者で七二%、全体で四七%となっている。

アメリカは移民の国としてのアイデンティティを持っており、それを自国の強みの源泉の一つだと主張してきた。だがここへ来て、移民大国であるがゆえに直面せざるを得ない問題が大きくなっている。

†本書の構成

本書では、アメリカの強さと苦悩を、歴史的、制度的な背景にも言及しながら解明してみたい。

第一章では、アメリカの移民をめぐる政治の歴史を、建国期にまで立ち返りつつ検討する。今日のアメリカが直面している諸問題が、どのような背景で発生してきたのかが明らかになるだろう。それらの問題の多くは、実は建国期から形を変えて存在してきた問題である。歴史を振り返ることで、それらの問題がどのようにして乗り越えられてきたのかを考えるヒントを与えてくれるだろう。

第二章は、今日のアメリカの移民問題について、二〇一六年の大統領選挙と関連させながら検討する。トランプら共和党系の保守派が移民問題を積極的に取り上げるのは、オバマ政権の移民政策に対する反発という側面がある。だが、実はオバマ政権の移民政策は、共和党のロナルド・レーガン政権やジョージ・W・ブッシュ政権が採用してきた政策をモデルとしたものでもある。民主、共和両党が、ほぼ同様の移民政策をとってきたのはなぜなのか。また、マイノリティ人口が増大しているアメリカの今後の移民問題をめぐる政治はどう変容するのだろうか。このような問題を考えるための情報を提供することになる。

第三章は、移民の社会統合政策について、検討する。アメリカで移民問題がしばしば大争点となる背景には、移民の入国数を決定する連邦政府と、移民を実際に社会に統合する役割を果たす州以下の政府との間で、意向と方針にずれがあるためでもある。貧困な外国人がアメリカの社会福祉政策を活用するためにやってきて、実際に悪用しているのではないか。移民が様々な犯罪に手を染めているがために、アメリカの治安が悪化しているのではないか。このような不安が移民に対する反発の背景にある。だが、このような不安は、多くの場合、誤解である。そして、移民に対する不必要な不安が、アメリカの社会政策を貧しいものとし、それが一般のアメリカ国民のセイフティ・ネットを損なっているのである。

第四章は、マイノリティがアメリカ政治にどのような影響を与えているかを、ロビイング活動との関係で明らかにする。ユダヤ・ロビーがアメリカの中東政策に大きな影響を及ぼしていることは、広く知られているだろう。また、キューバ系がアメリカの対キューバ政策に大きな影響を及ぼしてきたという説も、広く流布している。さらに、近年では、アメリカの地方都市で従軍慰安婦の像が建設されている背景には、コリア系ロビーの活動があると主張されることも多い。このような説には、どの程度の真実性があるのだろうか。時に国際問題につながる可能性を秘めたエスニック・ロビイングは、移民がエスニックな出自を持つ国とアメリカとに二重忠誠を持っているのではないかとの疑念を抱かせる理由にもなっている。移民受け入れがその国の外交問題にどのような影響を及ぼすのかを考える上でも、示唆を与えると言えよう。

第五章では、マイノリティがアメリカをどのように変えているのかを整理するとともに、アメリカの移民問題が日本の移民受け入れ政策にどのような示唆を与えるかについて検討する。諸外国と比べても圧倒的な規模で少子高齢化が進んでいる日本が経済成長を維持するためには、移民の受け入れが不可欠ではないかとの議論が有力になっている。筆者も、日本は移民の受け入れについて真剣に検討せねばならない時期になっていると考えるが、移民を受け入れる際には考慮せねばならない点も多い。アメリカの移民問題への対応が、日本にどのような示唆を与えるか、問題提起を行うことが第五章の目的である。

本書が、読者の移民問題への理解の一助となれば幸いである。

第一章
アメリカ移民略史

不法移民500万人救済へ向けて、ホワイトハウスで移民制度改革について演説するオバマ米大統領。2014年11月21日（ゲッティ＝共同）

1　移民の理念・シンボル

†アメリカにおける移民の意味

アメリカは、建国以来多くの移民を迎え入れてきた国であり、今日も合法移民だけで年間一〇〇万人を受け入れている。また国内に、一〇〇〇万人を超える不法移民が居住していると言われている。和歌山県や仙台市の人口がほぼ一〇〇万人、東京都の人口がほぼ一三〇〇万人であることを考えれば、その規模の大きさが理解できるだろう。

アメリカは、ヨーロッパの君主制や宗教的迫害から逃れた移民が作り上げた国だという自己認識を持っている。その経緯や信念からすれば、自分たちと同じように、自由や成功を求めてアメリカへの移住を希望する人は受け入れたい。難民や亡命者も、アメリカ国民に、自身やその祖先の苦難に満ちた移動の過去を思い起こさせ、アメリカが自由と機会の国であると再確認させる存在である。アメリカが他国と比べて、移民、難民を受け入れるのに積極的なのには、このような背景がある。

とはいえ、移民を受け入れることにも問題が伴っており、アメリカも新たな移民の流入に対して複雑な態度を示してきた。移民が携えてくる出身国の文化と価値観は、アメリカの一般的な文化や価値観と大きく異なることがあるからである。

アメリカは移民の国であるとともに、イギリスを中心とするアングロ・プロテスタントの入植者によって建国された国である。アメリカは、その入植者たちが重複する自由や平等などの普遍的、抽象的理念を国家のアイデンティティの基礎として位置づけ、そのアメリカ的信条を共有する人をアメリカ人と定義してきた。だが、新たな移民がそれらのアメリカ的信条を受け入れるかどうかは、事前にはわからない。また、移民にアメリカ的信条を身に着けるよう強制する制度的装置も存在しない。

例えば、建国期にベンジャミン・フランクリンは、ペンシルヴェニアのドイツ系移民は決してアングロ・サクソンの文化に同化しないと主張した。近年では、文明の衝突論で知られる政治学者のサミュエル・P・ハンティントンが、中南米からの移民が、アングロ・サクソンの伝統を基盤とするアメリカ的信条を損なっているとの懸念を示している。多くのアメリカ人は、自ら、ないし、その祖先の移民としての経験に思いをはせる一方で、今日、そして将来の移民に対して、反発心や不安を抱くのである。

そこで、アメリカが行いうるのは、入ってくる移民の数を制限すること、あるいは、移民を教育してアメリカ的な価値観を身に着けさせることである。連邦制との関係で言えば、流入する移民に制限をかける権限があるのは連邦政府なのに対して、実際に流入してきた移民に対応するのは州政府や地方政府である。これは、連邦政府と地方政府の意思の疎通がうまくいかないことがありうることを意味している。本章では連邦政府の移民政策を取り上げ、州以下の政府による具体的な取り組みについては、第三章で扱うことにしたい。

以下では、移民をアメリカ国内に統合する上で提示されてきた様々な理念を簡単に整理した上で、連邦政府が移民の流入に対してどのような政策をとってきたのかを説明したい。

†人種の坩堝か、トマト・スープか

アメリカについては、人種の坩堝《るつぼ》という表現がなされることが多い。金や銅、鉛などが坩堝の中で融合して合金として再形成される。それと同じように、諸々の民族的な背景を持った人々がアメリカという坩堝の中で平等な立場で混じり合い、新たなアメリカ人として生まれることを意味する比喩である。これは、いわば、国民性についての融解・再形成論ということができる。

前世紀転換期に三度も民主党の大統領候補に選出された経歴を持つウィリアム・ジェニングズ・ブライアンは、「ギリシャ人も、ラテン人も、スラヴ人も、ケルト人も、チュートン人も、そしてサクソン人も偉大である。けれども、これらの人々の徳を集めたアメリカ人はさらに偉大である」と述べたと言われる。これはまさに、人種の坩堝の信念が表現されたものだと言えるだろう。イズレイアル・ザングウィルの戯曲『坩堝』により人口に膾炙《かいしゃ》するようになったこのヴィジョンは、とりわけ出身国での迫害から逃れてきたエスニック集団にとっては一種のユートピア思想であり、国民統合を促進する上で大きな役割を果たしたと言われている。

だが、この坩堝の中に入ることが認められるのはヨーロッパ系のエスニック集団のみであって、いわゆる有色人種がそこに加わることは想定されないことが多かった。また、実際のアメリカ社会は、全てのエスニック集団が平等な立場で混ざり合う坩堝ではなく、トマト・スープのようなものだったと言われることも多い。

トマト・スープでは、パセリやセロリなどが風味を増すために加えられることはあっても、いずれはベースのトマトと一体化して原形をとどめなくなってしまう。この比喩から推測できるように、これは、WASP（白人、アングロ・サクソンのプロテスタント）の文化的基盤は揺らぐことがなく、移民が入ってきても、いずれはWASPの文化に同化するという考え方であり、アングロ順応論とでも呼ぶべきものである。この考え方は、暗黙のうちに移民に同化を迫るイデオロギーとして、社会の多数派に共有されてきたと言えよう。

†サラダ・ボウルと多文化主義

人種の坩堝にしても、アングロ順応論にしても、アメリカに流入する移民が持っていた属性は、いずれ変質ないし消滅することが前提とされていた。このような考え方への反発を背景に生み出されたのが、多文化主義につながる考え方である。この考え方は、しばしばサラダ・ボウルやモザイクに例えられるように、それぞれの文化集団の特性は変化せずに残り続けることを強調する。この立場は広く文化的多元論と呼ばれ、二〇世紀初頭から強調されるようになる。

ただし、初期の一九一〇年代にこの立場をとった人々の議論はエリート・レベルで行われた規範論であり、ネイティィヴ・アメリカンや黒人、アジア系などの非ヨーロッパ系白人を含んでいないという限界があった。

これに対し、第二次世界大戦後、とりわけ一九五〇年代以降に公民権運動との関連で主張されるようになった第二期の文化的多元論は、黒人、中南米系、アジア系、ネイティィヴ・アメリカンなどのいわゆる有色人種と呼ばれるマイノリティを含み、社会運動の次元でも展開された。この第二期の文化的多元論は多文化主義と呼ばれることもある（ただし、多文化主義という表現は多義的で、論者により念頭に置かれるものが異なることも多い）。

この思想と社会運動は、時に各民族集団の文化的特性を強調する、一種のエスノセントリズムを伴うことも多い。ブラック・パワー運動はその極端な例だと言えよう。この考え方によれば、万人に向かって普遍性を標榜できると考えられていた理念や思想、例えばアメリカ建国の理念も、書き手の民族・人種的アイデンティティやジェンダーによって規定され、特定の集団の利益関心を表明するものと評価されることになる。

このような第二期の民族的多元論は、アメリカ社会に大きな論争を巻き起こしている。あまり多元性を強調し過ぎるとアメリカが分裂するのではないか、第一次世界大戦後のバルカン半島が民族性に基づいて小国乱立して第二次世界大戦を引き起こしたように、アメリカ社会に混乱を引き起こすのではないかという懸念が示された。多文化主義の理念は、オーストラリアやカナダでは高く評価されているが、アメリカでは批判的に評価されることが多いと言えよう。

実際に、どの比喩を用いるにしても、アメリカ内部にどのような要素を取り込んでいくかは困難な問題を伴っている。坩堝に複数の金属を投入するにしても、その圧倒的な部分が金であるならば、それは純度の低い金と見なされるだろう。また、トマト・スープに若干のクルトンが入れば食感が楽しめるかもしれないが、そのクルトンがあまりに巨大でトマトより比率が高くなれば、もはやトマト・スープと言えないだろう。サラダ・ボウルも、中に多少のハムやベーコンが入っても構わないが、それらが野菜を凌駕してしまうと、もはやサラダとは言えないだろう。このように考えると、アメリカに入ってくる移民をいかに制限するかが重要な問題となるのである。

2 連邦の移民政策——建国期から一九六五年移民法まで

†アメリカ社会の自己診断

移民政策は、相矛盾する利益や理念が激しくぶつかり合う争点である。また雇用や経済成長、人口動態、文化、社会福祉、権力分布、外交関係、安全保障など、様々な領域に影響が及ぶ。エリートの合理的判断と、時に非合理な一般国民の感情的判断がぶつかり合う領域でもある。

アメリカは時に移民から成る国と評される一方で、新たな移民に対しては複雑な態度を示してきた。文化、理念の面に関しては、ジェーン・アダムズやジョン・F・ケネディなどが、移民受け入れはアメリカ的信条に適うと主張した。多くのアメリカ人は、自ら、ないしその祖先の移民としての経験に、しばしば思いをはせる。その一方で、今日の、そして将来の移民に対して反発心や不信を抱くのである。

経済面に関しては、企業経営者は、潤沢で安価な労働力を提供する移民を、アメリカ、そして自らの企業に繁栄をもたらすものとして高く評価する。この傾向は、経済が好況で、労働力が足りない時期には、とりわけ強くなる。一方、労働運動に従事する人々は、労働基準や経済的保障を損なうものとして移民を批判的にとらえている。移民労働に対する批判は、経済状況が悪化するといっそう強くなる。

外交、安全保障面に関しては、冷戦の文脈で、資本主義陣営に引き入れたい国からの移民を積極的に受け入れたり、難民受け入れに積極的になったりすることもあった。一方、二〇〇一年の九・一一テロ事件以降に顕著に見られたように、安全保障の観点から移民の受け入れに消極的になることもある。

このように、移民問題は多様な理念と利益関心が表出される政策領域なので、時期に応じて全く異なった表れ方をすることになる。一般に、アメリカ人が自国の政治社会の安定に自信を持ち、その経済的繁栄を疑わない時には、人種的・民族的差別感情も弱くなり、安価な労働力に対する需要も大きくなるため、開放的な移民政策が採用される。逆に、政治社会が動揺し、不況が見舞うと、移民は低賃金や文化的分裂をもたらすとして嫌悪され、排斥されてきた。その意味で、移民制限立法は、アメリカ社会の自己診断としての意義を持つと言えるのである。

†建国期

アメリカは植民地時代から、宗教、人種、エスニシティの次元で多元的だった。入植者以外にも移民が存在していたし、奴隷も輸入されていた。独立革命勃発時、イギリス系の割合は、白人の半分以下だった。イギリス系植民地ではアングロ・サクソンが主要な集団ではあったものの、イギリス系といえども、スコットランドやウェールズ、アイルランドからの移動者も多かった。また、白人の三分の一は、ドイツ系、スウェーデン系、フランス系、スイス系、オランダ系だった。南部では、アフリカから輸入されたアフリカ系が多数存在したことは言うまでもない。当時のアメリカではプロテスタントの人が多かったものの、このような多様な背景を持つ人々が存在したため、プロテスタント内部の宗派や教派は多様だった。

アメリカ革命の頃には、アメリカに移民してくる人の割合もやや減少して、年間数千人にとどまっていたが、移民流入がアメリカの将来を不安定にするのではないかとの懸念は表明されていた。例えば、トマス・ジェファソンは、多くの邦が人口を増大させるために無制約に移民を受け入れようとしていると批判し、それら移民の多くは旧世界の絶対君主への忠誠心を未だに保持しているか、逆に無政府主義の傾向を示していると危惧していた。

合衆国憲法の批准によって新国家が創設されたが、ヨーロッパからの移民に関しては基本的に自由放任主義的な態度がとられた。一七八七年のフィラデルフィア会議で、ジェームズ・マディソンは、ヨーロッパからの移民を積極的に受け入れている州は人口も増大し、農業や芸術も発達していると指摘した上で、移民の権利を制限しようという偏狭な考えは新しい共和国に似つかわしくないと警告した。一七九〇年の第一議会は、アメリカに二年以上居住している自由な白人に市民権を与えるという帰化法を制定した。

しかし、建国当初から、移民に対する反発は存在した。一七九〇年代には、英仏戦争と国内の党派対立の結果、移民への支持は減少した。多数派だったフェデラリストは、フランスやアイルランドからの新しい移民に対して、フランス革命の急進的な思想から影響を受けているとの不信感を表明した。それゆえに、彼らは一七九五年に、帰化のための居住要件を二年よりも長く五年とする、新しい帰化法を通過させた。

またフランスとの紛争を受けて、一七九八年には外国人・治安諸法が制定された。これは、全ての外国人に連邦政府への登録を義務付けるとともに、市民権の資格を一四年以上居住した者にのみ与えようとするものだった。外国人法は、合衆国の平和と安全を危険にさらすと判断できる外国人を逮捕し追放する権限を大統領に与えた。同年に通過した敵性外国人法は、戦時中には一四歳以上の男性の在留外国人を拘束し、強制退去させる権限を、大統領に与えた。

しかし、外国人・治安諸法は短命に終わった。一八〇〇年にジェファソン率いる民主共和党が勝利し、外国人登録の義務付けを廃止し、帰化のための居住要件も廃止したからである。将来の選挙と経済発展を念頭に置き、ジェファソンは、アメリカはヨーロッパの好ましくない統治を避けて幸福を追求しようとしてきた人々が兄弟として受け入れられるべき、新しいカナンの地となるべきだと主張した。

†反カトリックのノウ・ナッシング

一八二〇年代から南北戦争期にかけて、ほぼ五〇〇万人の移民がヨーロッパから流入した。一八二〇年代には移民がアメリカの人口増に占める割合はおよそ四%に過ぎなかったが、一八五〇年代にはほぼ三分の一を占めるようになった。この時期、連邦政府はヨーロッパからの移民に対して、ほぼ沈黙を保っていた。

アメリカは、一八〇三年にフランスからミシシッピ川西岸の広大なフランス領ルイジアナを購入し、一八四六年から一八四八年の米墨戦争の結果、メキシコから膨大な土地を譲り受けた。アメリカの領土が急激に増大したのに伴い、移民は広大なフロンティアに居住できるようになった。政府は、海外や入国者の多い港のある都市に職員を配置して、ヨーロッパからの移民を積極的に呼び込んだ。産業経済の発展に伴う労働力の必要性も、移民の重要性を増大させた。

しかし、南北戦争前の先例を見ない規模での移民の流入は、とりわけアイルランド出身の移民に対して、草の根レベルで反移民感情を引き起こした。当時、最も多かったドイツからの移民が宗教、階級、イデオロギーの点で多様性が高かったのと違い、アイルランドからの移民の大半は貧しく、カトリックだった。一八四〇年代、アイルランドのじゃがいも飢饉の結果、アイルランドからの移民はとりわけ増大した。アイルランド系は英語ができたこともあって、北東部の都市で仕事や教育をめぐって争いを起こした。

また、アイルランド系が大都市部でマシーン政治を展開するようになると、WASPの反発はさらに強まった。マシーン政治の主体たる政治マシーンとは、利権や猟官制に基づいて組織される集票組織であり、移民や貧困者に衣食住などの社会サービスを提供したり社会的上昇の機会を提供することも多かったが、政治腐敗の問題を伴っていた。南北戦争前には反カトリックを特徴とする書籍や新聞、雑誌が多数発行されるようになり、それに触発された暴動も時折発生するようになった。

当時のアメリカでは移民の労働力に対する必要性が高く、アイルランド系の票も重要性を持っていたため、当初はネイティヴィズムは政治的にさほど成功を収めなかった。だが、一八五〇年代には反カトリックを特徴とする秘密結社が組織され、都市部で反カトリック、反移民の立場から選挙運動に携わるようになった。その活動は、WASPの労働者や職人、小規模企業家によって担われていたと言われている。メンバーがその組織について「アイ・ノウ・ナッシング（何も知らない）」と答えたことから、移民やカトリックの影響力を制限しようとする人々はノウ・ナッシングと呼ばれるようになった。この運動は一八五〇年代にアメリカン党を結成し、移民制限、市民権獲得まで二一年間の待機を求めること、また政府公職に就任する者は、イングランドあるいはスコットランド系でアメリカ合衆国生まれ、かつプロテスタント宗派に限定するよう主張した。

ノウ・ナッシングは勢力を増大させ、一八五四年と五五年の選挙の際には七人の州知事を生み、八州の州議会の多数を占め、連邦議会でも強い存在感を示した。一八五六年にはミラード・フィルモアを大統領候補として擁立し、二二％の票を獲得した。選挙以外でも、ノウ・ナッシング・キャンディーや茶などの商品が流通するなどの社会現象となった。

しかし、移民排斥よりも大きな問題である奴隷の問題を提起する共和党が現れると、ノウ・ナッシングの凝集力は低下し、一八六〇年までに運動は終焉を迎えることとなった。

エリス島と自由の女神

一九世紀後半、ヨーロッパからの移民は増加し続けた。アメリカの移民政策は、建国以来、州政府が主に担っていたが、一八七五年に最高裁判所が移民の入国管理は連邦議会の専権事項だとの判断を下して以降、連邦政府の役割が増大した。

図1　自由の女神が移民をわが子として迎えている

（出典）Detroit Free Press, 1941

当初、移民の大半はニューヨークのキャッスル・ガーデンを経由して入国していたが、一八九一年にニューヨークのエリス島に新たな連邦移民局が設置されてから、移民の四分の三の入国を扱うようになった。エリス島の隣にあるリバティ島には、アメリカ合衆国の独立一〇〇周年を記念し、独立運動を支援したフランス人の募金によって一八八六年に自由の女神像が設置された。自由の女神像は、アメリカの自由と民主主義の象徴であるとともに、世界各地からやってくる移民にとって、新天地の象徴ともなっている。

†反中国系感情

一九世紀末、中国からの移民はヨーロッパからの移民と比べると人数が限られており、一番多い時で全移民の四%を占めるに過ぎなかった。しかし、アメリカ史上最も暴力的な排外運動が、中国系移民に対して展開された。

中国からの移民は数が限られていたこともあり、政治力を持つこともなく、法的な保護も得ていなかった。中国系は一八五〇年代から七〇年代にかけて、炭鉱労働、鉄道建設、製造業、農業などに従事する安価な契約労働者としてカリフォルニアに連れてこられたが、白人労働者はそのせいで賃金が低下し、労働環境が悪化すると不満を抱いた。中国系は、新聞などでは神を信じないアヘン中毒者、売春婦、博打打ちとして描かれた。

サンフランシスコの労働者のリーダーは、一八六〇年代に市内の選挙区ごとに反中国人組織を作ったが、同様の動きはカリフォルニア州内に広まった。労働者階級の間で反中国系感情が高まる中、カリフォルニアの政治家は、反中国系の発言や政策が票の獲得につながることを学んだ。カリフォルニア州初の共和党知事であり、のちにスタンフォード大学を創設するリーランド・スタンフォードは、自らが経営していた農場や鉄道会社で中国人を雇用していたにもかかわらず、質の低い中国人から自由な白人の労働を守るとの選挙公約を出して注目を集めた。

経済状況の悪化に伴い、生産性の低い炭鉱が閉鎖され、大陸横断鉄道が完成し、新しい入植者が太平洋岸にやってくると、反中国系感情は悪化した。サンフランシスコの労働組合のリーダーは、反中国系の運動を展開するための組織化を行い、中国系排斥連盟の草の根ネットワークはカリフォルニアのみならず極西部にまで広がった。カリフォルニアの政治家は州への中国系移民の流入禁止と隔離、中国系が経営する企業への特別課税などを競って行うようになった。

中でも最も激しく、効果的に反中運動を展開したのが、デニス・カーニーである。アイルランド系のカーニーは、長引く不況のために失業した人々に対して中国系移民を排撃する主張を繰り返した。カーニーの運動は、「中国人は出ていけ！」をスローガンとするカリフォルニア労働者党の結成につながった。

それを受けて、二大政党も中国系への対応を迫られるようになった。中国系の排斥を求める世論が強まるにつれ、民主、共和両党ともに、中国系排斥を支持するようになり、一八八二年に中国人排斥法が制定されることとなった。これらの反中国系の動きが強まる中、中国系移民は自警の意味も込めてまとまって居住するようになった。反中国系の意識は、中国系がチャイナタウンに集住するようになる一九〇〇年代になるまでおさまらなかった。

†一九二四年移民法

今日のアメリカの移民法の大枠を規定しているのは、一九六五年の移民法である。そして、その移民法が制定された際の主眼は、一九二四年の移民法の原則を覆すことにあった。一九世紀末にも、プロテスタントの住民による強固な反移民運動が存在した。その結果成立したのが一九二四年の移民制限法であり、同法は、アメリカ史上、最も本格的な移民制限を課した法律である。

同法は、アメリカに入ることのできる移民数に制限を設けるとともに、一八九〇年の国勢調査における外国生まれの人口を基準として、母国籍を同じくする集団にそれぞれにその二%を移民枠として按分する、母国籍割り当て制度と呼ばれる方式を採用していた。

移民数制限の動きが出た背景には、労働者の余剰問題があった。第一次世界大戦中、労働力が不足したために、南部の黒人が農村から都市へ、また、南部の都市から北部の都市へと移住してきていた。だが、第一次世界大戦後に復員兵がアメリカの都市に戻ってくると、労働力が余剰になった。当時は機械化、産業化が進展していたため、労働力の必要性

図2　1860～1920年のアメリカへの入国者の出身地

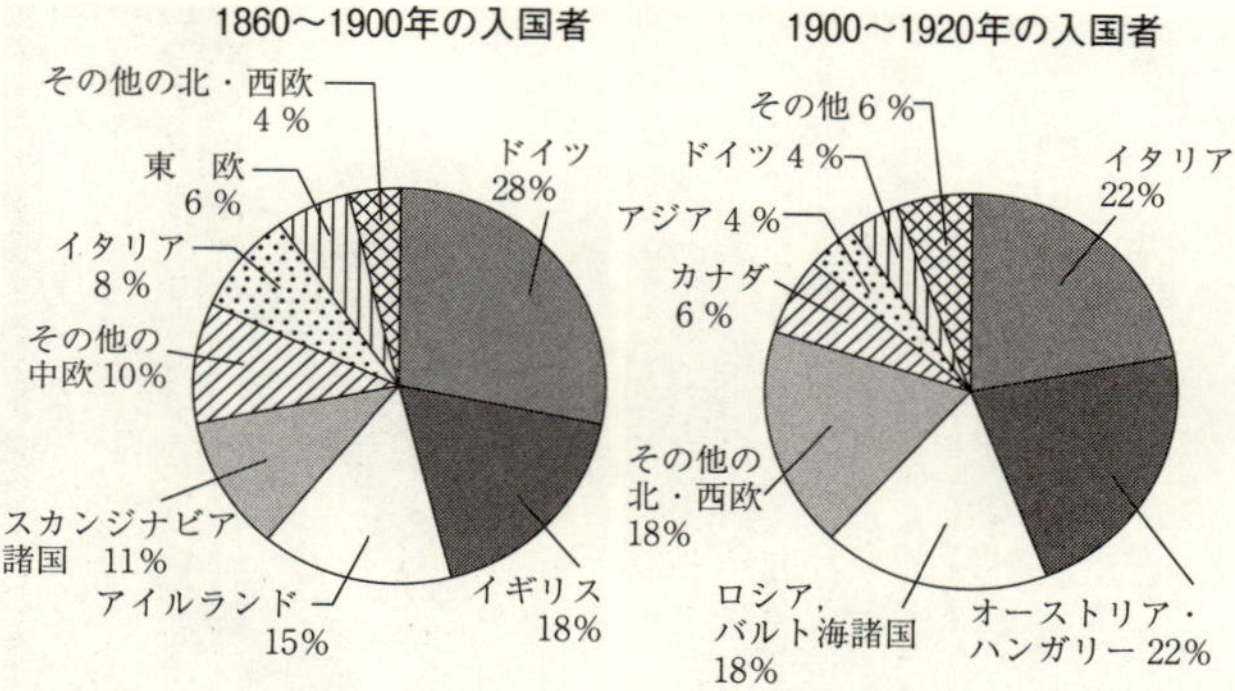

も従来と比べて低下していた。このような状況の中で、移民制限の機運が高まったのだった。

また、法律が一九二四年に採択されたにもかかわらず、一八九〇年を基準として設定したのには大きな意味があった。日本と異なり住民票が存在しないアメリカでは、一〇年ごとに人口統計調査が行われる。一九二四年に一番近い人口統計調査は一九二〇年に行われていたが、基準が一九二〇年ではなく一八九〇年に設定された背景には、当時のエスニック構成の大変化があった。一八九〇年以降、東・南欧から、ユダヤ系やカトリックを中心とする、新移民と呼ばれる人々が、急速、かつ大量に流入してきたからである。

興味深いのは、当時の移民問題がしばしば人種問題として議論されていたことである。今日では想像しにくいだろうが、前世紀転換期には、新聞に掲載

図３　当時の風刺画。アイルランド系の顔に色が付けられている。

（出典）http://ighm.nfshost.com/outward-bound-homeward-bound/

される風刺漫画などで、アイルランド系やイタリア系の人々が有色人種として、顔に色が付けられていることが多かった。プロテスタントではないヨーロッパからの移民は、ＷＡＳＰとは異なる人種と見なされた。

アングロ・サクソンを中心とするプロテスタントの人々は、カトリック信者の大量流入に不安を感じた。アメリカ的信条を信じる個人主義的な人々こそがアメリカ社会の中核となるべきだと考えていた当時の人々からすれば、バチカンのローマ・カトリック教会に忠誠心を示すカトリック信者が大量に流入してくるのは、脅威に他ならなかった。

また、ユダヤ教徒の流入は、同様、あ

るいはそれ以上に脅威だった。そもそも、彼らはキリスト教徒ではなかった。また、一九一四年にロシア革命が起こって以降、東欧から移民してきたユダヤ系の多くは、共産主義に共感するところがあった。共産主義と異教から自由と民主主義を守らねばならないという論理は、国民の支持を集めた。

移民制限論者は、南欧、東欧出身者は、西欧、北欧出身者と比べて生物学的に劣っていると主張した。また、これら新移民は読み書きができないはずとの前提に基づいて、一九一七年に入国希望者に識字テストを課した。移民制限論者として知られた優生学者のハリー・ラフリンは、動植物を育てる時には血統を調べるのに、移民の血統を調べないのはおかしいと主張した。また、シオドア・ローズヴェルトが一〇〇%アメリカニズムを主張するなど、すでに国内に居住している外国生まれの「ハイフン付きアメリカ人」についても、アメリカ社会への同化と愛国心が求められた。

しかし、識字テストを課しても東欧や南欧からの移民は減少しなかった。そこで、一九二一年には、西半球の国を除く全ての国を対象に、一九一〇年の人口統計調査の結果に基づき、出身国ごとにアメリカ国内に居住する者の三%を上限とする割り当て制を導入した。一九二四年の移民法はそれをさらに進めて、東・南欧やアジアからの移民がさほど来ていない一八九〇年を基準として、移民の流入に歯止めをかけることが目指された。同法は年間の移民数の上限を一六万五〇〇〇人に定め、移民査証発行枠の八四%を北欧と西欧に割り当てた。

一九二八年の立法は、母国籍主義の完全実施を宣言した。ただし、南西部の農場主からの要請を受けて、メキシコなど西半球からの移民労働者の流入には制限を設けないこととされた。枠が設けられたヨーロッパやアジアからの移民と、西半球からの移民は区別するという分岐したシステムは、当時から存在したのである。

†母国籍主義への批判

しかし、第二次世界大戦を経て、新移民のアメリカ社会への定着、同化が進むにつれて、母国籍主義に対する批判も強まっていった。戦争は国家に対する忠誠が最も強く問われる出来事だが、命をかけてアメリカのために戦った、カトリック信者やユダヤ教徒、アジア系を拒み続ける理由はないと考えられた。一九四六年には、戦争花嫁法が制定され、アメリカ人の軍人の妻や子どもで外国籍の者については、割り当ての枠外でアメリカ国籍を認める措置をとった。また、中国との協力関係を深めようとする観点からも、中国人を排除する法律が撤廃され、他のアジア系の移民枠が拡大されるきっかけを作った。

また、冷戦の開始と戦略的考慮も、アメリカが制限的な移民法を改革するきっかけを作った。自由主義の守護者を任じて、その勢力を拡大しようとしているアメリカが、味方にしたいと考える地域からの移民を拒むのは問題だと考えられるようになったからである。実際に、冷戦下の難民受け入れを機に、割り当て制は徐々に崩れていった。

†一九六五年移民法

母国籍主義の廃止に向かわせたのは、アイルランド系移民の曾孫《そうそん》であり、初の（そして現在に至るまで唯一の）カトリックの大統領であるジョン・F・ケネディだった。ケネディは、アメリカ史における移民の貢献を高く評価していた。一九五〇年代末以降の黒人の公民権運動の帰結として、人種、エスニシティ観が激変したことが、ケネディのイニシアティヴの背景にあった。しかし、ケネディ大統領は移民法を改正する前に暗殺されてしまった。

ケネディの死をうけて大統領に就任したリンドン・B・ジョンソンは、最初の年頭教書演説で、「我々は、我が国への移民志願者に対して、いまや『あなた方はどこに生まれたのですか』とではなく、『あなた方はアメリカにどんな貢献をできるのですか』と問わなければならない」と述べた。一九六四年の大統領選挙でジョンソンが大勝したのをうけて、移民法改正は、人種や民族を理由とする差別の撤廃を謳った偉大な社会計画の一環として、

図4　1660年からのアメリカへの移民

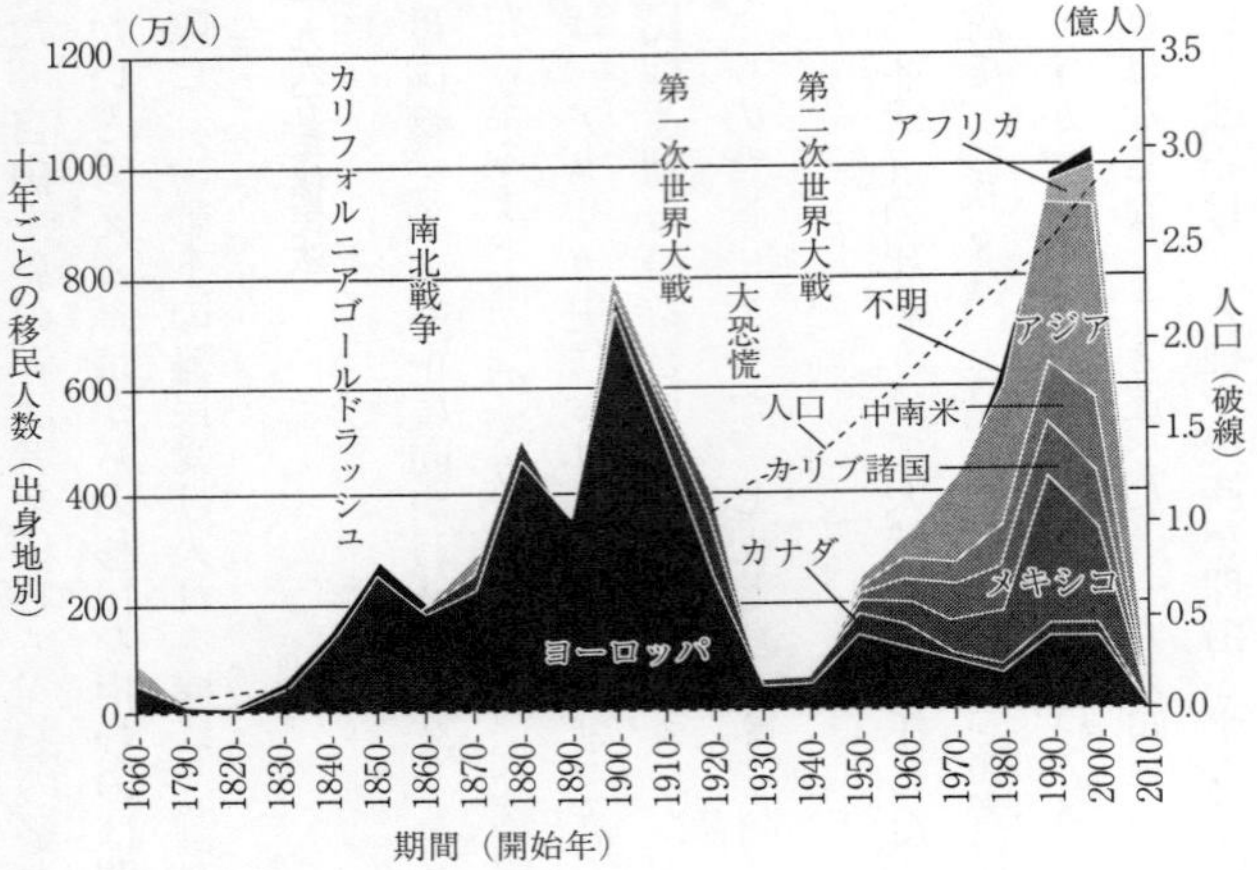

議会の討論の俎上《そじょう》に乗せられた。

ジョンソン政権の下で採択された一九六五年移民法は、移民査証の発行において、人種、性別、国籍、出生地、居住地に基づく差別的措置を禁じ、移民制限に関して、高技能者と、すでにアメリカに居住している人と近親関係にある人を優先することになった。

この一九六五年移民法は、一年間の受け入れ移民数の上限を、東半球については一七万、西半球については一二万と定めたため、大量のアジア系移民が訪れることとなった。これは、一九世紀末の中国人排斥に始まるアメリカのアジア人種に対する法的差別の歴史に終わりを告げた点で画期的だったが、アメリカ国民の間に新たな反アジア感情を引き起こす契機となった。

アジア系の中でも、家族の再結合という原理に基づいてやってきた人々の中には、最底辺の仕事を低賃金で行う人もいた。それらの仕事は従来は黒人が担っていたため、仕事を奪われたと考えた黒人の間で、反アジア系の意識が芽生えることとなった。例えば一九九二年に発生したロサンゼルス暴動は、黒人が韓国系居住区を襲ったものだった。

3 中南米系移民の増大

†なぜ中南米系移民は増えたか

一九六五年の移民法改正がもたらした最大の影響は、中南米系移民の増大である。アメリカは建国期以来、自らを西半球の盟主と位置づけ、モンロー主義を掲げて、中南米をアメリカの経済圏に属すると考えてきた。中でも、隣接するメキシコはかねてよりアメリカに安価な労働力を供給しており、国境警備もほとんど行われていなかった。

中南米からの移民が増大したのは、一九六五年移民法で定められた離散家族の再結合という原則と、アメリカ合衆国憲法修正第一四条に定められた出生地主義原則が大きな意味を持ったからである。

アメリカとメキシコの間には圧倒的な経済格差が存在する。米墨国境が隔てる二国の経済格差は、近接する二国の格差の中で最大だと指摘されることもある。例えば、メキシコの労働者の一日当たりの平均賃金は、カリフォルニア州の一時間当たりの最低賃金よりも少ない。このような状況では、仕事を求めてアメリカに移民したいと考える人々が非常に多く存在するのも当然である。離散家族の再結合原則が導入された結果、移民してアメリカ国籍を取得した人が申請すれば、その家族はアメリカ国籍を取得しやすくなるので、合法移民が雪だるま式に増大したのは不思議でない。

また、出入国管理が厳格に実施されていない状況を利用して、不法移民も増大した。合衆国憲法の規定上、不法移民や外国人の間にできた子どもであっても、アメリカ国内で生まれた場合にはアメリカ国籍が与えられる。そして彼らが二一歳になると家族を呼び寄せてアメリカで合法的に居住できるようになる。このようにして生まれた子どもたちは、しばしば、アンカー・ベイビーと嘲笑的に呼ばれている。近年ではその制度を利用するため、米墨国境付近にはメキシコ人専用の出産用クリニックも建設されて、活用されている。第二章で説明するように、この弊害を批判して、出生地主義原則を改めようとする動きも起こっている。

　この状態は、移民を送り出す中南米諸国にも大きな利益をもたらしている。移民送出国にとって、アメリカへの移民がもたらす外貨は非常に魅力的なので、近年では中南米の国の中に二重国籍を認めるところが増えている。移民は、アメリカ国籍を取得する際に出身国の国籍から離脱することを求められる。しかし、中南米諸国は、それら国籍離脱者に国籍の回復を認めている。その際には、アメリカ国籍から離脱することは求められないし、アメリカに出身国での国籍再取得が報告されることもない。その結果、中南米系移民はさらに増大しているのである。

†中南米系をめぐる政党政治とＩＲＣＡ

　アメリカは二大政党制の国だが、移民問題は党派を横断する争点となっている。民主党内では、中南米系の票獲得を目論む政治家が、近親者を呼び寄せたい有権者を意識して、移民に友好的な立場をとっている。一方、民主党でも労働組合に近い立場の政治家は、移民増大に伴う賃金低下を懸念して移民に敵対的な立場をとる。片や、共和党についても、労働者の賃金低下を目論む企業経営者に近い議員は移民を歓迎するが、移民がもたらす社会的混乱に不満を感じる地域から選出された議員は、移民に厳格な態度をとる。

このように、移民問題に対する立場が党派を横断する中で移民改革を達成するためには、相矛盾する立場を妥協させて呉越同舟的な連合を形成する必要がある。それが成功した事例が、ロナルド・レーガン政権期に通過した一九八六年の移民改革統制法（ＩＲＣＡ）だった。これは、①三〇〇万人の不法移民に合法的地位を与え、②以後の不法入国を防止するために国境警備を強化し、③不法移民であることを知って労働者を雇用した者に罰則を与えるという三つの措置から成っていた。いずれかの政策目的の実現のみを目指す個別的な法案では議会を通過する見込みが低いので、このような包括的なアプローチが採用されたのだった。

しかし、長大な米墨国境の管理厳格化と不法移民の入国防止は成功しなかった。また、不法移民を雇用した者に対する罰則規定も、不法移民だと知らなかったと言えば適用されないため、効果がなかった。その結果、三つの措置のうち、当初の目的が達成されたのは、一つ目の、不法移民の合法的地位を与えることだけだった。それゆえに、今日も引き続き不法移民対策の必要性が提起され続けているのである。

†ブッシュ政権の試み

だが、レーガン以降の政権が実現を目指してきた改革案も、ＩＲＣＡと同様、アメリカ国内にすでに居住する不法移民の一部に合法的地位を与えるとともに、以後の不法入国を防止するための策をとることだった。共和党のジョージ・W・ブッシュ大統領は、中南米系移民も多く居住するテキサス州で知事を務めたこともあり、共和党の大統領の中でも例外的に多くの支持を中南米系有権者から得た。そこで、すでにアメリカ国内に居住する不法移民に合法的地位を与えることで、中南米系有権者を共和党の支持連合の一部に組み込めないかと考え、ＩＲＣＡと類似した内容の包括的移民改革法の実現を模索した。

しかし、共和党内の移民反対派はそのアイディアに反対した。ＩＲＣＡの結果として合法的地位を与えられた中南米系は、レーガン政権の意図とは裏腹に民主党支持に回っていた。そのため、不法移民に合法的地位を与えても、民主党の支持基盤を強化する可能性が高いと考えられたのだった。

その結果、ブッシュ政権による改革案は連邦議会下院の支持を得られず、呉越同舟的連合形成の試みは失敗した。そして、二〇〇一年の九・一一テロ事件が起こされて以降、国土安全保障と移民問題の関係が大きな争点となり、今日でも移民対策、とりわけ不法移民対策は大問題であり続けている。

†オバマ政権の行政命令

オバマ政権も、不法移民合法化と国境取締り強化の両立を図ろうとした。ブッシュ政権案の挫折が与えた教訓は、包括的移民改革反対派議員の多くは、国境強化と不法移民取締りを優先していることだった。そのため、オバマ政権はブッシュ政権以上に取締りを重視し、不法移民のうち犯罪者を国外退去させることに力点を置いた。二〇一三年に包括的移民改革法案が提出され、民主党が多数を占める上院を通過したものの、共和党が多数を占める下院では、国境取締り強化のみを実施するよう主張され、移民改革法案が通過する見通しは立たなかった。

そこでオバマ大統領は、二〇一四年一一月二〇日に、五〇〇万人近い不法移民に合法的地位を与える行政命令を出した。共和党の中でも、ブッシュ前大統領やジョン・マケインなどの主流派の有力者は、包括的移民改革に賛成しているものの、ティーパーティ派など保守派の議員は、不法移民に合法的地位を与えることを断固として認めない。特に下院議員は選挙区の有権者を満足させれば当選できるので、全米の人口動態の変化や長期的な党の戦略に興味を持たない場合もある。

衝撃だったのは、包括的移民改革に積極的な立場を示した共和党のエリック・カンター院内総務が、二〇一四年の中間選挙の予備選挙で、厳格な不法移民対策を訴えるティーパーティ派候補に敗北したことである。二〇一五年以降、連邦議会の上下両院で共和党が多数を占めることになる事態を受けて、オバマは、以後共和党の協力を得られる可能性は低いと考えて行政命令を出したのだった。

オバマの行政命令で、アメリカ市民と合法的滞在者の親、およそ三七〇万人と、一〇〇万人の若者が、国外退去処分を三年間免除された。アメリカ国内に五年以上滞在している不法移民が対象とされ、犯罪歴がないことを証明するとともに、税の未納分を支払う必要があるものの、国内で合法的に労働することも認められた。ただし、彼らに市民権が与えられるわけではないし、オバマ・ケアの補助金を受けることもできない。

†共和党の猛反発

このオバマの行政命令は共和党議員から猛反発を受けた。ティーパーティ派のミシェル・バックマンなどは、数百万人の「文字も読めない」外国人に民主党に投票させるための措置だと発言して物議を醸した。また、党の一部から、二〇一四年一二月一一日が期限であった連邦予算を通さずに、連邦政府を閉鎖することも念頭に置いて対抗するべきだとの主張もなされた。しかし、予算の点でオバマ政権に揺さぶりをかけることは困難である。

オバマは、移民政策を実施するための予算不足への対応策として行政命令を出したので、予算を減らすと、政権はより国外退去処分を行わなくなると考えられるためである。

また、二〇一四年一二月初頭には一七州がオバマ政権に対して訴訟を提起した。アメリカでは連邦政府の決定に対して州政府が訴訟を提起するのは珍しくない。第三章で説明するように、アメリカの州と地方政府では、移民政策の負担を一方的に負わされているという認識が強い。州以下の政府は住民の移動を拒否することができないにもかかわらず、連邦の方針に従って、あるいはそれを破って流入してきた移民に対して、法執行や医療、教育などのサービスを提供しなければならない。その状況に対する不満が、州政府による訴訟の背景にある。なお、州知事の中には二〇一六年の大統領候補となることを目指している人もいた。彼らは共和党内の保守派と良好な関係を保ちつつ、中南米系の支持も一定程度確保せねばならないという困難な課題に直面している。

すでに国内に多数居住する不法移民にどう対処するか、今後数が増大すると考えられる中南米系移民にどう対応するかは、移民国家アメリカのアイデンティティに関わる問題であるとともに、今後の大統領選挙の行方も左右する大問題である。本章で検討した歴史的背景を念頭に置きつつ、次章では、選挙との関係で移民問題がどのような意味を持つかについて検討することにしたい。

第二章

移民政策

ロサンゼルス港の戦艦アイオワ上で「優遇は終わる」と移民を挑発する演説をするトランプ氏。2015年 9月16日（共同通信社）

1　移民国家アメリカの変容

†中南米系・アジア系の増大

第一章で説明した通り、アメリカは移民の国というナショナル・アイデンティティを持ち、建国期以来多くの移民を受け入れてきた。近年、アメリカにやってくる移民に大規模な変化が見られるようになっている。

出身地域別の移民の推移を示した図5に示されている通り、かつてアメリカに移民してくる人々の大半はヨーロッパ出身だった。しかし、一九六五年の移民法改正の影響もあり、近年では中南米やアジア出身の移民が増大している。

ピュー・リサーチセンターの調査によれば、一九六〇年には総人口の八五%を占めていた白人（中南米系を除く、以下同様）の割合は二〇一一年には六三%に低下しており、二〇五〇年には四七%にまで低下すると予想されている。

一方、中南米出身者は、一九六〇年には人口の三・五%しか占めていなかったのが、二

図５　出身地域別の移民の推移

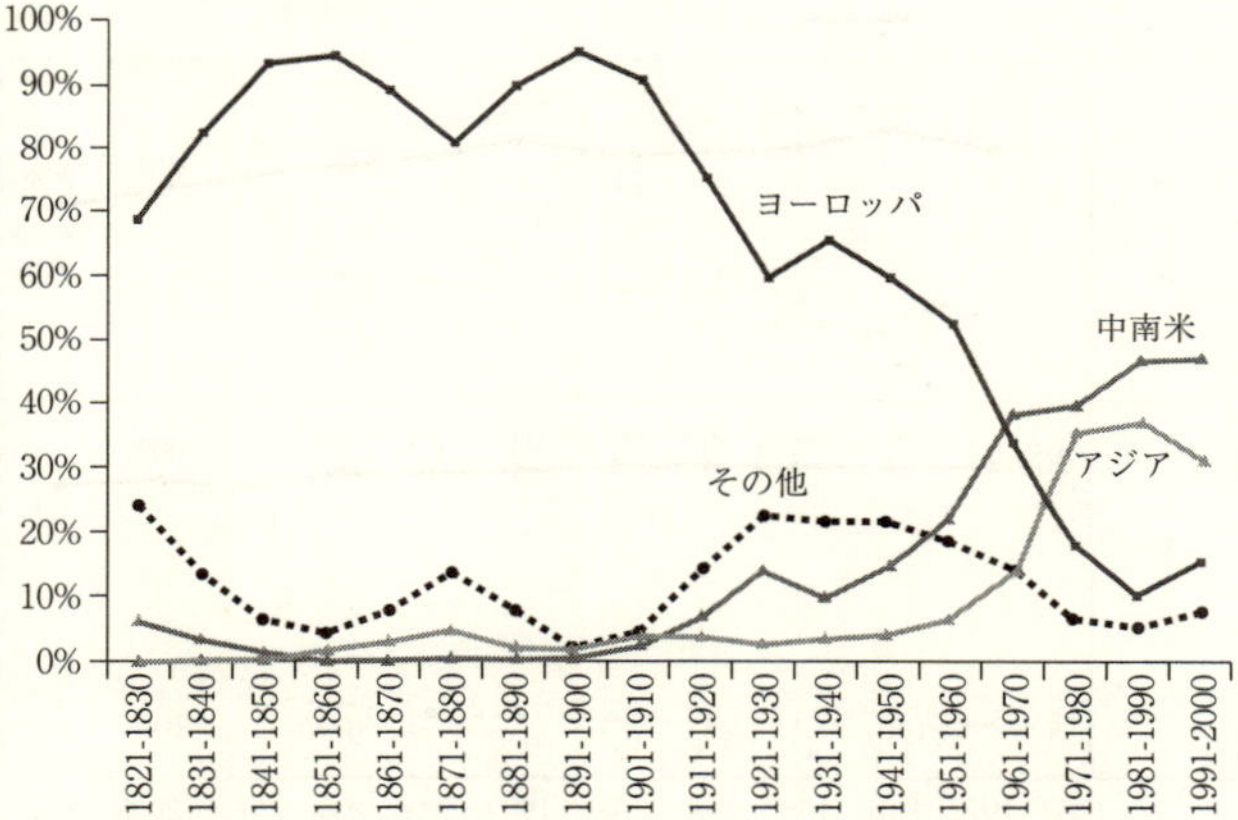

（出典）Zoltan L. Hajnal, &Taeku Lee, *Why Americans Don't Join the Party: Race, Immigration, and the Failure (of Political Parties) to Engage the Electorate*,（Princeton: Princeton University Press, 2011）, p. 10.

〇一一年の段階では一七％になっており、二〇五〇年には二九％にまで増大すると予想されている。なお、アメリカの黒人は、一九六〇年には人口の一一％だったのが、二〇一一年では一二％、二〇五〇年になっても一三％とほぼ横ばいで推移すると予想されている。中南米系人口がすでに黒人人口を上回っていることは特筆に値するだろう。

最後に、アジア系については、二〇一一年段階では人口の五％程度とまだ少ないが、一九六〇年の段階では〇・六％しか占めていなかったことを考えると、その増加率は非常に高い。二〇五〇年には人口の九％に増大すると予測されているが、すでに一部の地域で

図6　大統領選挙で民主・共和党に投票した人の割合

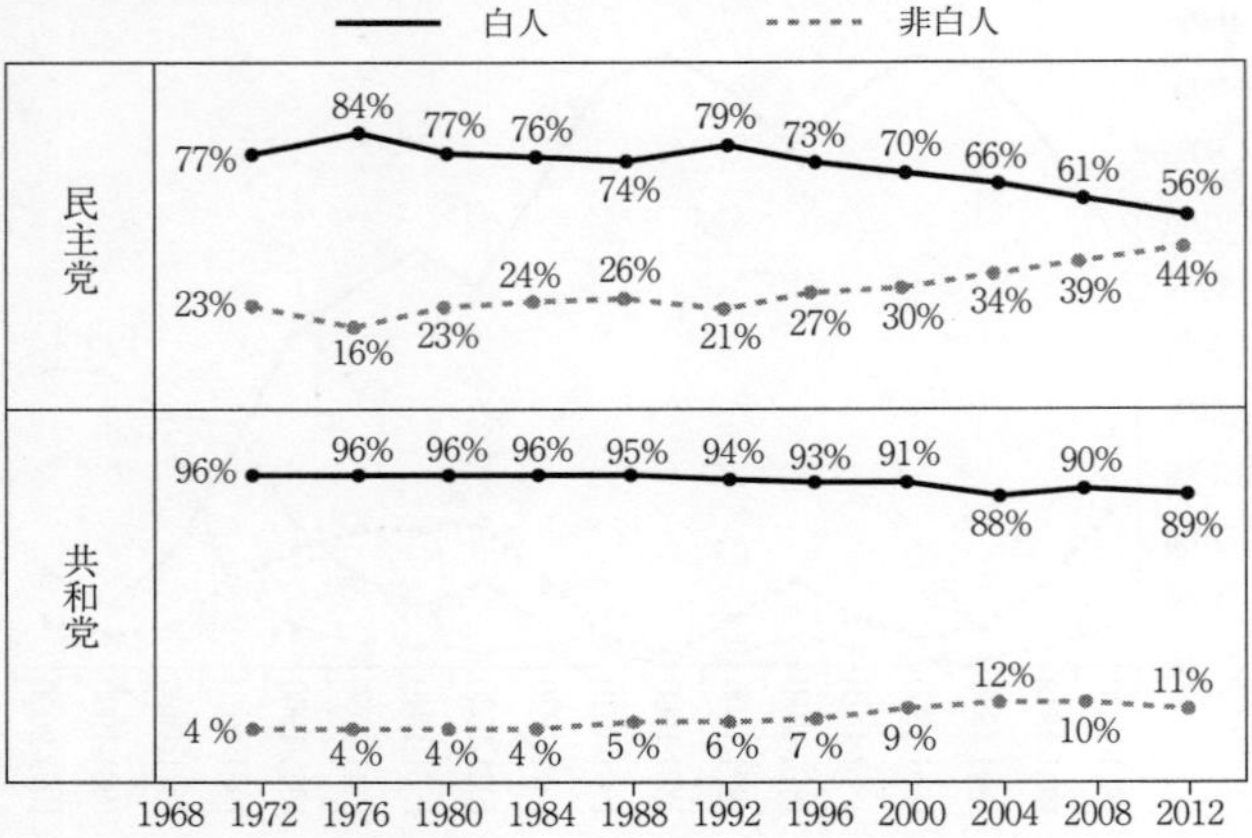

（出典）Chris Cillizza, "The GOP's Demographic Problem — in 1 Chart," *Washington Post* November 12, 2012.

は大きな存在感を示すようになっている。

二〇年ほど前までは、アメリカと言えば白人の国家というイメージを持つ人が多かったように思われる。白人を一つの人種・民族集団ととらえるとするならば、二〇五〇年になっても白人が最大の人種・民族集団であることは違いないが、その割合が五〇%を下回ることに驚く人も多いだろう。

†マイノリティと二大政党

このように非白人人口が増大し、人口構成が大規模に変化すると予想される中で、民主、共和の二大政党も取り組みを迫られるようになると思われる。

図6は、一九六八年以降の大統領選挙

表1　大統領選挙における中南米系の投票先（太字は勝利した大統領）

	民主党候補	共和党候補
1980	ジミー・カーター 56%	**ロナルド・レーガン 35%**
1984	ウォルター・モンデール 61%	**ロナルド・レーガン 37%**
1988	マイケル・デュカキス 69%	**ジョージ・H・W・ブッシュ 30%**
1992	**ビル・クリントン 61%**	ジョージ・H・W・ブッシュ 25%
1996	**ビル・クリントン 72%**	ボブ・ドール 21%
2000	アル・ゴア 62%	**ジョージ・W・ブッシュ 35%**
2004	ジョン・ケリー 58%	**ジョージ・W・ブッシュ 40%**
2008	**バラク・オバマ 67%**	ジョン・マケイン 31%
2012	**バラク・オバマ 71%**	ミット・ロムニー 27%

（出典）Mark Hugo Lopez, & Paul Taylor, “Latino Voters in the 2012 Election: Obama 71%; Romney 27%,” Pew Hispanic Center, November 7, 2012

で民主・共和両党が獲得した票のうち、白人、非白人の割合を示したものである。これを見れば、民主党が人口の増大しつつある非白人の票を確保できている一方で、共和党は非白人票をあまり獲得できていないことがわかるだろう。オバマが再選を果たした二〇一二年の大統領選挙では、民主党に投票した人のうち白人が五六%、非白人が四四%だったのに対し、共和党はその九〇%近くを白人の票に依存しているのである。

また、表1は、今日最大のマイノリティ集団となった中南米系の大統領選挙の際の投票先を示している。これを見れば、中南米系は一貫して共和党よりも民主党を支持していることがわかるだろう。ただし、その一方で、中南米系がある程度共和党に投票した場合、共和党候補が勝利していることも理解できるだろう。

このようなデータを踏まえて、今日のアメリカの二大政党は、共和党が白人の政党なのに対し、民主党はマイノリティの政党だと述べる人もいる。また、以後マイノリティ人口が増大していくことを考えるならば、今後共和党に対して民主党が優位に立つようになると予測する人もいるのである。

†大統領選挙におけるマイノリティの影響力増大?

大統領選挙においてマイノリティの影響力が増大しているという考え方は、二〇〇四年、二〇〇八年、二〇一二年の大統領選挙の結果を見れば、説得力があるようにも見える。

なお、アメリカの大統領選挙は、全五〇州とコロンビア特別区（ワシントンDC）に割り当てられた大統領選挙人の票をめぐって争われる。コロンビア特別区には三人の、各州には連邦上院議員の数（一律二名）と連邦下院議員の数を合わせただけの大統領選挙人が割り当てられている。連邦下院議員の数は、一〇年ごとに行われる人口統計調査の結果を踏まえて、全四三五人が人口比に応じて各州に割り当てられるので、人口の多い州には多くの大統領選挙人が割り当てられている。大半の州が勝者総取り方式を採用しているため、一票でも多くの票を獲得した候補が州の全ての大統領選挙人の票を獲得することになる。

共和党のジョージ・W・ブッシュが勝利した二〇〇四年と比較すると、二〇〇八年と二〇一二年に民主党のバラク・オバマが勝利することができた理由を推測することができる（図7を参照）。すなわち、二〇〇四年には民主党は北東部と西海岸、中西部の一部の州でしか勝利できなかったのに対し、二〇〇八年と二〇一二年には、従来は共和党に投票していた南部と西部の州のいくつかで勝利した。サンベルト地帯において中南米系人口が増大

図7　2004、2008、2012年大統領選挙における二大政党の勝敗

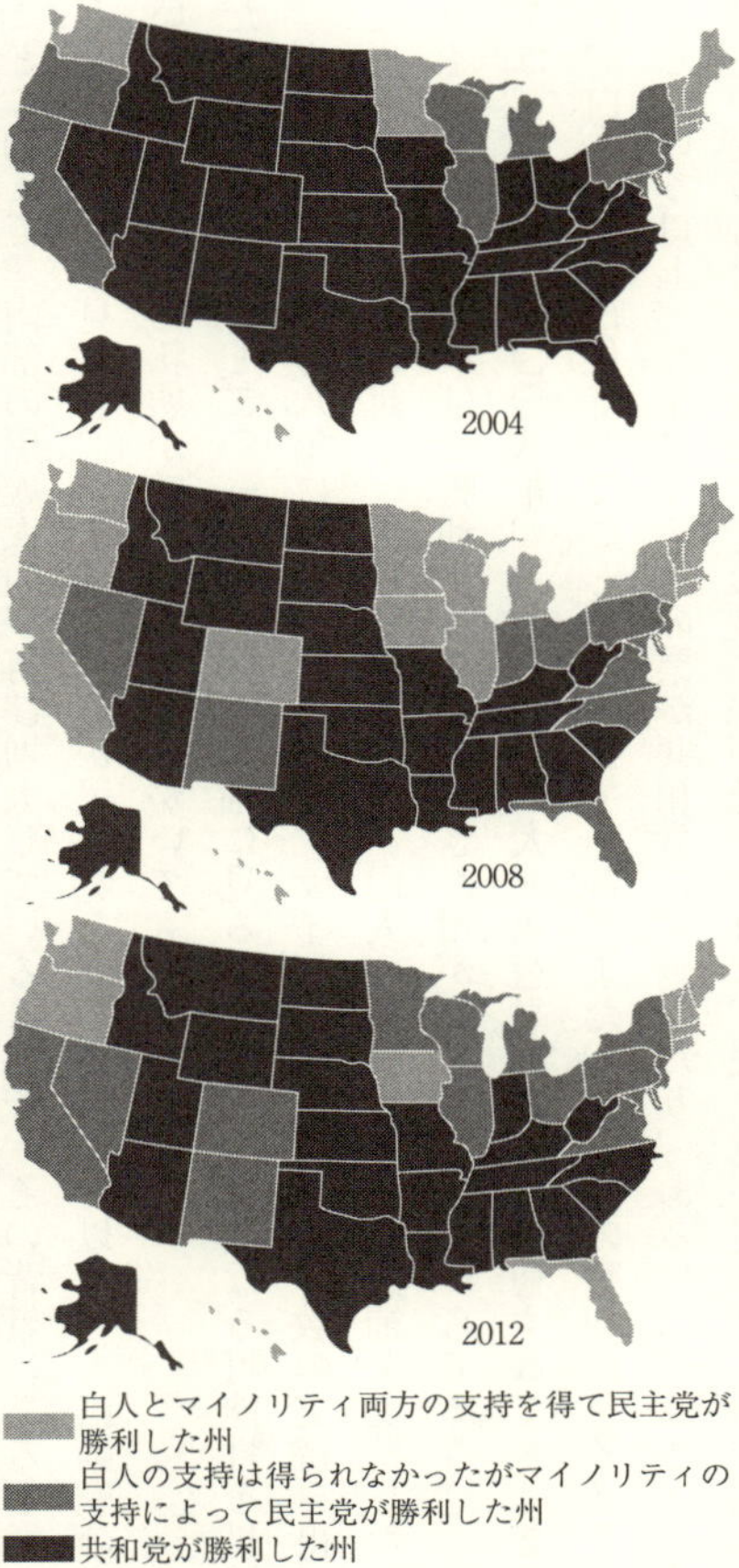

（出典）http://www.brookings.edu/blogs/the-avenue/posts/2015/09/15-trump-republican-diversity-explosion-frey

したことに加えて、南部の黒人人口が再び増大していることが、その背景にあると言えるだろう。この結果を見ると、マイノリティが民主党を支持している以上、人口動態の変化に伴い、民主党優位の状態が続くと考える人がいても不思議ではない。

ただし、二〇〇八年と二〇一二年の図を詳細に見ると、それとは異なる可能性を見て取れる。すなわち、二〇〇八年にはオバマが白人、マイノリティ双方の多数の支持を得て勝利した州が多かったのに対し、二〇一二年には、白人の多数が共和党候補を支持したものの、マイノリティのおかげで勝利することができた州が増大しているからである。

図7は、民主党は二〇〇八年、二〇一二年の大統領選挙に続けて勝利することはできたものの、白人の支持は低下したことを示唆している。また、民主党の勝利がマイノリティに依存している以上、マイノリティの票が共和党に移動したり、あるいは、マイノリティの投票先が変わらない場合でもその投票率が低下すれば、民主党が勝利するのが困難になる可能性を示している。

このように考えると、以後の大統領選挙の結果を予想する上では、移民問題に対する二大政党の対応に着目する必要があることがわかるだろう。

2　移民問題をめぐる政治過程

†移民政策をめぐる対立の構図

第一章で記したように、移民政策は、相矛盾する利益や理念が激しくぶつかり合う争点であり、様々な領域に影響が及ぶ。文化的には、移民の国アメリカという理念を尊重すべきだとする人は移民に好意的な態度を示すのに対し、移民はアングロ・プロテスタントの人々が歴史的に築き上げてきたアメリカ的信条の基盤を掘り崩すと考える人々は移民に批判的な態度をとる。

経済面では、移民は貧困な国から渡米する場合が多いこともあり、労働賃金を下げる傾向がある。それを好ましいと考える経営者は移民受け入れに積極的になる一方、賃金低下に不満を抱く労働組合などは移民受け入れに消極的な立場をとることが多かった（なお、最近は労働組合の加入率が著しく低下していることもあり、労働組合は移民労働者を組合に入れた方がよいという計算から、以前と比べると移民受け入れに寛容になっている）。

表2　二大政党の移民に対する態度

		民主党系	共和党系
移民に	好意的	リベラル・コスモポリタン	ビジネス志向保守主義者
	批判的	経済的保護主義者	文化的保守主義者

（出典）西山隆行「アメリカの移民政策における安全保障対策と不法移民対策の収斂」『甲南法学』第54巻1・2号（2013年）6頁。

また、軍事・安全保障面では、移民は違法薬物をアメリカに持ち込むのではないかとの懸念が示されたり、移民を装ってテロリストが入国する危険があると懸念する人もいる。この懸念は、二〇〇一年の九・一一テロ事件、さらには、二〇一五年のフランスのテロを受けて増大している。

このように、移民問題に対する態度は複雑に入り組んでいるため、二大政党は伝統的に、移民問題に対して明確な態度を示すのに困難を伴ってきた。民主党系、共和党系ともに、移民に対し好意的な態度を示す人々、批判的な態度を示す人々が存在したからである。

表2は、その関係を単純化して示したものである。民主党系で移民に好意的な立場を示すリベラル・コスモポリタンと呼ぶべき人々の代表例は、ジョン・F・ケネディやバラク・オバマだろう。一方、民主党系で移民に批判的な態度を示す経済的保護主義者については、白人のブルーカラー労働者の人々、利益団体としては労働組合が典型的な例である。共和党系で移民に好意的な態度を示すビジネス志向保守主義者は、企業経営者、例えば二〇〇一年から大統領を務めたジョー

ジ・W・ブッシュや、二〇〇八年の共和党大統領候補となったミット・ロムニーなどが好例である。一方、共和党系で移民に批判的な人としては、パット・ブキャナンやティーパーティ派などが例として挙げられるだろう。

もちろん、この分類に当てはまらない人々も存在する。例えばキューバ系やヴェトナム系で難民としてアメリカにやってきた人々は共和党を支持する傾向が強いものの、心情的にはリベラル・コスモポリタンに近い。彼らは移民に好意的な態度を示すものの、ビジネス志向保守主義者とは異なる性格を持っている。

†呉越同舟的連合と包括的アプローチ

先の表に見て取れるように、移民に対する対立軸は民主、共和両党の党派と一致していない。これは、移民改革に対する賛否が党派を横断することを意味している。このような中で移民改革を達成するには、多様な立場の人や集団を取り込む、呉越同舟的な連合を形成する必要がある。

そのような呉越同舟的連合が成功した例として挙げられるのが、一九八六年にレーガン政権下で通過した移民改革統制法（ＩＲＣＡ）である。この法律は、膨大な量の不法移民がアメリカ国内に存在するというアメリカ社会の現状を踏まえて、①三〇〇万人の不法移民に合法的地位を与える、②以後の不法入国を防止するために国境警備を強化する、③不法移民であることを知って労働者を雇用した者に罰則を与える、という三つの原則を含むものだった。アメリカの政党は諸外国と比べて党議拘束が弱いこともあり、この改革案であれば民主、共和両党からある程度の支持者を確保することができて、法案を通過させることができたのだった。

この実例を踏まえ、それ以後に移民法改革を目指す人々は、ＩＲＣＡと同様に、複数の課題を取り込んだ包括的な法案の構築を模索した。しかし、ＩＲＣＡに代表される包括的アプローチは、とりわけ共和党内で評判が悪かった。当初共和党は、ＩＲＣＡを通過させることにより、中南米系移民、とりわけ、合法的地位を与えられた三〇〇万人のうち一定数が共和党を支持するようになることを期待していた。しかし、実際には合法的地位を与えられたかつての不法移民の大半は、民主党支持者となってしまったのである。

そのため、共和党は、徐々に包括的移民改革の実現を模索するよりも、国境警備を強化するとともに、すでにアメリカ国内に居住している不法移民を国外退去処分にすることを優先するよう提唱するようになったのである。

†国境管理政策と不法移民対策①——ウェットバック作戦

現在の米墨国境は一八四八年の米墨戦争終結と五三年のガズデン購入に伴って確定した。しかし、一八八二年に中国人移民排斥法が制定されるまで国境取締りはほとんど行われていなかったし、国境横断時にパスポート携帯が義務付けられたのはようやく一九二九年だった。第一次世界大戦以前はメキシコからの人口移動は少なく、一八六四年に設立された移民局は、アメリカの農場主や工場経営者の要請に応じて移民労働者を集める活動をしていたほどだった。

第二次世界大戦が始まると、移民労働者に対する需要は増大した。そして一九四二年には、ブラセロ・プログラムと呼ばれる、メキシコ人契約労働者導入計画が採用された。ブラセロとは、スペイン語で腕を意味するbrazoという言葉に由来しており、働き手を意味していた。このプログラムはアメリカとメキシコの行政協定に基づいていて、一九六四年に廃止されるまでの間に延べ五〇〇万人の契約労働者をメキシコから招き入れたとされている。

アメリカとメキシコの間には大きな経済格差が存在したこともあり、いったんアメリカで働いた人々は賃金に惹かれて何度も契約を更新するようになった。契約労働者よりもさらに安い賃金で働く不法移民も増大した。メキシコ政府は、メキシコ国内で労働力が不足し始めたこともあり、不法越境者の取締りの必要性を認識するようになった。

そこで、米墨両政府の合意に基づき、ドワイト・アイゼンハワー政権は、一九五四年からウェットバック作戦と呼ばれる作戦を展開するようになった。ウェットバックとは、メキシコからリオ・グランデ川を泳いでテキサスに不法入国した人々の背中が濡れていたことに語源があり、メキシコからの不法移民の蔑称として用いられる。この作戦は、連邦政府、州政府、地方政府、連邦捜査局（FBI）、軍などが関与する不法移民の大規模掃討作戦だが、暴力が伴うなどの問題が伴っていることもあり、今日ではその問題点が指摘されている。

ウェットバック作戦は、不法移民の数をある程度減少させることに成功した。とはいえ、アメリカとメキシコの間には生活水準に著しい格差がある。一九五〇年代にはメキシコ国内で労働力不足が発生していたが、近年は状況が変化しており、一九九五年には一一〇万人が、二〇〇三年でも五六万人が失業中だった。メキシコの最低賃金は日給四~五ドルだが、アメリカでは時給が五ドルを下回ることはない。アメリカ国内に安価な労働力に対する需要が存在し、メキシコで失業者が膨大に存在する以上、メキシコからアメリカに不法越境を試みる者は常に存在する。

†国境管理政策と不法移民対策②――ゲートキーパー作戦

今日では、米墨国境問題に軍事的な対応がとられるようになっているが、そのきっかけを作ったのが、一九九四年にカリフォルニア州サンディエゴで開始されたゲートキーパー作戦だった。多くの大統領選挙人を擁するカリフォルニア州では、多くの政治家が州民の支持獲得を狙っていた。一九九二年の大統領選挙で共和党候補となることを目指したパット・ブキャナンは、年間一〇〇万人以上に及ぶ不法侵略から国境を守らなければならないと同州で演説した。

州知事を務めていたピート・ウィルソンは、再選を目指す一九九四年には反不法移民運動に便乗し、不法移民へのサービス提供が州財政を圧迫していると主張した。また、サンディエゴ地区選出の共和党連邦下院議員であるダンカン・ハンターは、国境警備隊増員を主張した。当時の大統領であるビル・クリントンはこれらの動きに飛びつき、一九九四年にゲートキーパー作戦を開始すると宣言した。これは、テキサスのエル・パソの国境警備隊が非公式に実施していた作戦をモデルとしたものだった。

作戦では、抑止力強化による密入国防止が基本方針とされ、特に不法越境の多い地域で国境フェンス厳重化と厳格な取締りが行われるようになった。投光ランプや埋め込み型センサーが設置され、暗視ゴーグルや軍事用赤外線スコープなどの機器を駆使して、取締りが行われた。

これらの措置の結果、サンディエゴのように国境警備が強化された都市部での不法入国は減少した。その一方、取締りが弱い、砂漠や山岳地帯、運河や川などを経由しなければならないような、自然条件の過酷な地域を通っての不法越境者が増大した。また、国境警備隊に見つかりにくい経路を通って越境する必要が出てきたため、コヨーテと呼ばれる密入国斡旋人が存在感を増すことになった。彼らが、不法移民から莫大な斡旋料を徴収した上で、車両の荷台に不法越境希望者を詰め込んで運ぶような事例も増大している。

これらの不法越境は、生命の危険を伴っており、熱射病や低体温症、水没による死が激増した。また、コヨーテがGPSやコンピュータを駆使して密入国をさせようとしたり、パスポートなどの書類偽造も行うなど専門化の度合いを高めるようになると、密入国斡旋人の寡占化が進んだ。このように、国境警備が強化された結果として、不法越境希望者数が必ずしも減少しないばかりか、密入国斡旋産業は隆盛し、麻薬密売とも関わりのあるコヨーテが大きな利益を上げるようになっているのである。

さらに国境警備増強は、いったん入国した不法移民が本国に帰るのを抑止するという、意図せぬ帰結を生み出してもいる。不法移民が帰国、並びに再入国しようとすれば、国境での取締り対象となる可能性があるため、不法移民がアメリカにとどまり続ける状況を作ったのである。今日、アメリカで労働している不法移民は六〇〇～一二〇〇万人に及び、

図8　不法移民の国外退去処分数の推移

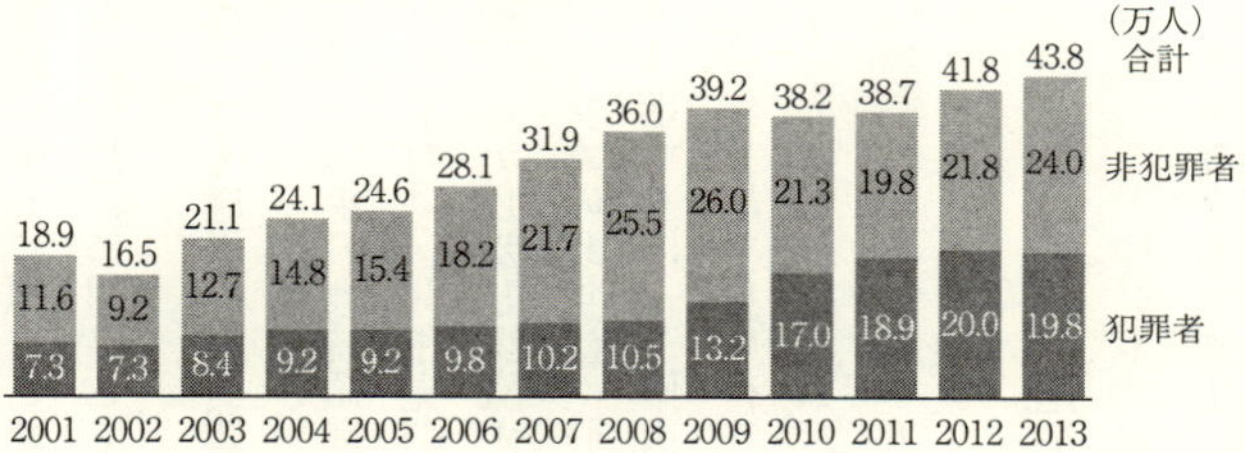

(出典) Ana Gonzalez-Barrera, & Jens Manuel Krogstad, "U.S. Deportations of Immigrants Reach Record High in 2013," Pew Research Center, October 2, 2014.

毎年三〇～四〇万人の不法移民が入国しているとの説もある。もちろん、不法移民に対する抑止政策がなければより多くの不法移民が流入しているはずだという議論も存在するが、その真偽は定かではない。仮に、国境警備強化が不法移民の帰国を阻害しているとするならば、国境管理政策は逆効果になっていると言えるのかもしれない。

このような状況下で、歴代の政権は不法移民の国外退去を実施している。とりわけ、二〇〇一年の九・一一テロ事件以後、不法移民の中にテロリストが紛れているのではないかとの指摘がなされるようになり、ブッシュ政権は退去処分を強化している。オバマ政権は、ブッシュ政権による国外退去処分が不適切な形で行われていると批判をしていたが、図8に見られるように、実際にはオバマ政権はブッシュ政権期以上に国外退去処分を行っている。これは、移民改革法実現に向けて共和党の協力を得るための措置だと考えられる。もっとも、オバマはブッシュ政権期とは違い重罪犯を中心に退去させていると主張して中南米系の理解を得ようとしているが、実際には重大な犯罪に関与していない人の退去処分も増大しているのである。

†二〇一二年大統領選挙と共和党の変化の模索

二〇一二年の大統領選挙は、共和党内で文化的保守主義者が力を増していく中で戦われた。とりわけ、共和党の候補となることを目指す人々は、文化的保守主義者の支持を獲得することが必要と認識するようになった。

アメリカの政党は、候補の公認決定権を持っておらず、連邦議会議員や大統領などの公職を目指す人は、予備選挙や党員集会で勝利して、党の候補になる必要がある。予備選挙や党員集会は平日に行われることも多いため、その投票率は一般的に低く、党員集会の場合は一~二%となることもある。そのような際に投票する人々は、活動家など、特定の争点に熱心に関心を示す人であることも多く、移民問題についても極端な立場を示す人が多い。

二〇一二年大統領選挙で共和党候補となったロムニーは、本来は移民に対して好意的な立場をとる、ビジネス志向保守主義者だった。しかし、共和党候補となるために徐々に移民に対する立場を硬化していく必要に迫られ、最終的には不法移民の自発的な国外退去を求める発言を繰り返すようになった。その結果、本来ならばロムニーは中南米系からある程度の支持を獲得できたはずの候補であるにもかかわらず、結果的には中南米系の票の二七％しか獲得することができなかった。

先に掲げた表1に見られるように、中南米系は一貫して共和党より民主党を支持しているものの、中南米系が比較的多くの票を共和党候補に投じた選挙では、共和党候補が勝利している。例えば、ロナルド・レーガンは一九八〇年と一九八四年には中南米系の票をそれぞれ三五％、三七％を、ジョージ・W・ブッシュは二〇〇〇年と二〇〇四年にそれぞれ三五％、四〇％を獲得して、本選挙に勝利している。

このことを踏まえて、二〇一二年大統領選挙以後、共和党主流派の中に、以後の大統領選挙で勝利するためには、中南米系の支持獲得を目指すべきとの見解が強まっていったのだった。

†中南米系、アジア系の政党支持

中南米系の支持獲得を模索すべきだという共和党主流派の戦略には、それが現実的に可能だと考えるに足る根拠があった。というのは、表3から見て取れるように、中南米系、アジア系ともに、基本的には民主党を支持する傾向が強いものの、政党帰属意識を持たな

表3　中南米系とアジア系の政党帰属意識

		中南米系	アジア系
無党派	政党帰属意識なし	38%	36%
	積極的無党派	17%	20%
民主党支持		34%	30%
共和党支持		10%	14%

（出典）Marisa Abrajano, & Zoltan L. Hajnal, *White Backlash: Immigration, Race, and American Politics,* (Princeton: Princeton University Press, 2015), p. 214.

いか、持っていても弱い人が多いからである。民主党、共和党のいずれも支持していない人は、中南米系の場合は五六％、アジア系の場合は五七％に及んでいる。

このような政党支持のあり方もあって、人口規模が比較的大きくなっている中南米系の政党支持も流動的になっている。世論調査の結果を分析した研究によれば、「共和党が中心となって市民権取得を含む包括的移民改革法を通した場合に共和党候補に投票するか」との問いに対し、オバマに投票した中南米系の人のうち四三％が共和党候補に投票すると回答している。また、「不法移民に市民権獲得の可能性を認める共和党候補と、それに反対する民主党候補のいずれに投票するか」との問いに対し、オバマに投票した中南米系の六一％が共和党候補に投票すると回答している。

また、州以下の選挙の結果を分析した研究によると、中南米系は基本的には民主党に投票する傾向が強いものの、中南米系候補が存在する選挙では、党派にかかわらず中南米系の候補に投票する傾向が強い。もちろん、州以下のレベルの選挙と同様の現象が連邦の選挙でも発生するかは不明ではあるものの、共和党主流派が中南米系の支持獲得を目論むのは当然だと言えるだろう。

中南米系は経済的な理由からアメリカに移民してきた人が多いものの、キューバ系については政治難民として入国した人の割合が高い。キューバに対しては民主党よりも共和党の方が強硬な立場を示していることもあり、伝統的にキューバ系には共和党を支持する人が多い。このような状況を踏まえて、共和党主流派は、包括的移民改革に積極的な立場を示すとともに、キューバ系の候補を積極的に擁立するなどすれば、中南米系が共和党候補を支持する可能性も十分にあると考えたのである。

†二〇一三年包括的移民改革法案

二〇一三年になると、共和党主流派は従来の立場の変更を目指し、包括的移民改革法案の成立を目指すようになった。民主、共和両党の有力者からなる「八人衆（ギャング・オブ・エイト）」と呼ばれる人々が、超党派的に移民改革に取り組むようになり、不法移民への合法的地位付与と国境管理強化の両立を図る法案が出され、上院を通過したのである。

しかし、共和党が多数を占め、ティーパーティに代表される文化的保守主義者が大きな存在感を示す下院では、国境取締り強化のみを実現するよう主張され、同法案は下院を通過しなかった。

なお、二〇一六年大統領選挙で共和党の有力候補と見なされていた、マルコ・ルビオとテッド・クルーズの二〇一三年の包括的移民法案への対応は興味深いものだった。

ルビオは二〇一一年からフロリダ州選出の上院議員を務めていた。両親ともにキューバからの移民であり、キューバ系が多く居住するマイアミで大きな存在感を示している。中南米系の支持獲得を目指す共和党主流派や、包括的移民法改革を目指す民主党議員にとって、ルビオの経歴は魅力だった。

ルビオは、二〇一〇年の連邦上院議員選挙では文化的保守主義者の影響が強いティーパーティの支持を得て勝利したものの、八人衆に協力して法案成立に向けて尽力した。実際、法案が上院を通過する前後には、数多くのテレビ番組に出演し、法案の利点を説明する役割を果たした。しかし、ルビオを支持したティーパーティの間で反発が強まっていく中で、ルビオは徐々に立場を曖昧にしていった。

一方のクルーズは、二〇一三年からテキサス州選出の上院議員を務めている人物であり、その父親はキューバ系移民である。クルーズは高校時代からフリードマン、ハイエク、ミーゼス、バスティアらの著作に親しんでおり、ティーパーティからの信任が厚い。連邦上院議員には、フィリバスターと呼ばれる、議員の発言時間に制限が課されず、立ったまま演説を続ける限り、何時間でも演説し続けられるという伝統がある。クルーズは、オバマ政権の予算案に反対するべく、二〇一三年に連邦議会上院でフィリバスターを発動し、二一時間連続してスピーチを行った強硬派である。

クルーズは、上院の移民法案に反対の立場を示し、不法移民に合法的地位を与える代わりにゲスト・ワーカーのカテゴリーを設け、彼らには市民権獲得の可能性を認めないようにするという修正案を提示した。しかし、この策も文化的保守主義者の十分な支持を得ることができていない。クルーズは最近、その修正案は民主党を困惑させるためにとった戦略的措置だと主張するようになっている。

†オバマの行政命令

二〇一三年の移民法改革をめぐる一連の動きは、共和党主流派が移民政策の変更を試みたにもかかわらず、文化的保守主義者の抵抗が極めて強いこと、また、共和党主流派にそのような保守派の反発を抑える力がないことを明らかにした。このような中で、当初は民主、共和両党の協力を得て包括的移民改革を実現するよう目指していたオバマは、その実現が困難だと痛感することになる。その結果、オバマは、二〇一四年に行政命令を出すことによって移民法のあり方を変革しようと試みるようになった。

なお、オバマはそれに先立つ二〇一二年にも、移民に関連して行政命令を出している。二〇一二年の行政命令は、一六歳の誕生日より前に入国した三一歳未満の者で、二〇〇七年七月一五日以来アメリカに不法滞在している者のうち、犯罪歴がないなどの一定の要件を満たした者に、二年間の合法的な滞在と労働を認めようとするものである。ただし、そのような若者に合法的地位は与えるものの、市民権を与えるわけではない。

二〇一四年の行政命令は、二〇一二年の行政命令をさらに推し進めたものであり、アメリカ市民と合法的滞在者の親、三七〇万人と、一〇〇万人の若者に対し、国外退去処分を三年間免除するとしている。アメリカ国内に五年以上滞在している不法移民が対象とされ、犯罪歴がないことを証明するとともに、税の未納分を支払うことが条件である。彼らには国内で合法的に労働することも認められるものの、市民権が与えられるわけではないし、オバマ・ケアの補助金も受けることはできない。

オバマが行政命令を出す根拠の一つとしてあげたのは、議会が移民法を執行するのに十分な財政的資源を政府に与えていないということだった。行政命令の目的は、法を適切に執行することにある。議会の決定はしばしば妥協の産物であり、とりわけ重要な部分について曖昧な文言が使われていることも多い。また、法執行に関して十分な予算が割り当てられるのも稀である。このような制約の中で効果的に政策を実施するには、行政部が裁量をきかせて政策の執行基準を明確化することが必要だと考えられており、連邦最高裁判所も行政裁量の合憲性を認めている。移民政策についてこのような裁量をきかせることは、レーガンやブッシュ親子など、歴代の共和党大統領も採用してきた手法である。

このオバマの行政命令に対して共和党は猛反発し、連邦予算を通すことを拒否して連邦政府の閉鎖も念頭に置きながら抗戦すべきだとの主張もなされた。しかし、その共和党の戦略には、困難が伴っていた。オバマは行政命令を、移民政策を実施するための予算不足への対応策として提起しているので、議会が予算を停止したり減額したりすると、政権はより国外退去処分を行わなくなると考えられるためである。その結果、議会は予算は通すものの、不法移民に関連する法を執行する国土安全保障省の予算については二月までのみ承認するという、形式的な抗議をするにとどまったのだった。

これに対し、本格的な抗議をしたのが、州政府である。すなわち、テキサス州と他二五州が、オバマ政権が適切な裁量の幅を逸脱した行政命令を出したとして、禁止命令を求めて裁判所に提訴したのである。州や市などの政府は住民の移動を拒否することができないにもかかわらず、連邦の方針に従って、あるいはそれを破って流入してきた移民に対して、医療、教育などのサービスや法執行の費用を負担しなければならず、連邦の政策のコストを一方的に払わされているとの不満がその背景にあったと考えることができる。そして、連邦控訴裁判所が禁止命令を認めたため、オバマ政権は最高裁判所への提訴をしており、二〇一六年夏までには決着がつくと考えられている。

3　白人のバックラッシュ――二〇一六年大統領選挙

†トランプ現象と共和党候補のバンドワゴン

移民問題は当初、二〇一六年の大統領選挙の重要問題になるとは想定されていなかった。移民問題が争点になる場合には、合法移民に対するサービス支出が問題になる場合もあれば、不法移民に対する取締りが問題になることもあった。アメリカ国籍を持っている中南米系の人々は、合法移民は言うに及ばず、不法移民、さらには以後不法に越境してきたいと考えている人々と関係の深い人も多かった。そもそも、有権者の多くが中南米系アメリカ人、合法移民、不法移民を明確に区別していないこともあり、移民や不法移民に対して批判的な議論が展開されるようになると、中南米系アメリカ人の人々が不快を感じる可能性が高かった。

先ほど説明した通り、移民問題は党派を横断する争点であり、民主、共和両党内に、移民に好意的な人々と批判的な人々を抱えている。しかし、近年の民主党内では、移民に批判的な立場をとる人々が減少していた。経済的保護主義者は、白人のブルーカラー労働者と労働組合が中心となっていた。そのうち、白人ブルーカラー労働者は一九八〇年代以降、主として黒人の福祉受給者に対する反発をもとに、支持政党を民主党から共和党に変えるようになっていた。一方の労働組合については、近年の労働組合加入率の低下を受けて、人口が増大しつつある移民労働者を労働組合の構成員にするよう模索するようになり、移民に対して敵対的な態度をとらなくなってきた。このように移民に批判的な立場をとる勢力が弱体化した結果、民主党は移民に好意的な態度をとるのが相対的に容易になっている。

それに対し、共和党は、党内に移民に批判的な立場を示す人が多い。とはいえ、共和党も人口が増大しつつある中南米系の支持をある程度は確保したいと考えていたため、できるだけ移民問題を争点化しないように努めるはずだと考えられたのだった。

しかし、移民問題を積極的に取り上げたドナルド・トランプの支持率が上昇するという、共和党主流派にとって想定外の事態が発生した。トランプは、六月の出馬表明の際に、メキシコからの移民について、「麻薬や犯罪を持ち込む。彼らは強姦魔だ」と述べ、不法移民の流入を防ぐために米墨国境に「万里の長城」を建設すると公約した。トランプは後に、万里の長城の建設費用をメキシコ政府に払わせると述べるようになった。また、アイゼンハワー政権期に行われた不法移民掃討作戦であるウェットバック作戦を称賛するとともに、自らが大統領になればオバマ大統領が出した行政命令も撤回し、アメリカ国内に存在する不法移民を全て強制送還すると宣言した。

米墨国境経由で麻薬がアメリカに流入しているのは事実ではある。だが、麻薬はごく一部の密売人によって持ち込まれているのであって、メキシコからの移民の犯罪率が取り立てて高いわけではない。すでに米墨国境地帯の大部分にフェンスが建てられていることを考えると、さらに巨額の費用をかけて万里の長城を設置することに意味があるとは考えにくいし、メキシコ政府にその費用を負担するインセンティヴも義務もない。このように、トランプの発言には問題が多い。しかし、アメリカの政党の候補は予備選挙や党員集会で決定されるため、政党は候補者選定権を持たないし、基本的には立候補を希望する人に出馬をやめさせることもできない。

共和党主流派が対応に困っている中、トランプが移民問題を取り上げて移民を批判すればするほどにその支持率が上昇するのを見て、他の候補も移民問題を積極的に取り上げるようになった。時流や勝ち馬に乗るという、いわゆるバンドワゴン現象が発生したのである。例えば、黒人で、著名な元神経外科医でもあるベン・カーソンは、米墨国境にフェンスを建て、四分の一マイルごとに国境警備隊員を配置すると約束した。さらには、コヨーテと呼ばれる密入国斡旋人が地下通路を作ってそこから人々を不法に越境させようとする可能性があると述べ、地下通路を発見して破壊するため、兵器を搭載したドローンを用いて空爆を行うとも述べるようになった。

他の候補はトランプやカーソンほど過激な立場はとらないものの、国境警備の人員の増強と技術強化を通して、米墨国境地帯のセキュリティを強化するべきと主張するようになった。また、政府関係者が移民の法的地位を調べるのを容易にするとともに、一部の地方政府が連邦の移民法を執行しない「逃げ込み場」となるのを阻止するための措置をとると主張するようになった。なお、国籍の出生地主義原則を定めた合衆国憲法修正第一四条の規定をめぐっては、トランプ、カーソン、クルーズが批判しているものの、ブッシュとルビオは同規定への支持を表明している。

†世論の動向と共和党の戦略

このような共和党候補の立場は、アメリカの一般有権者の意向とは合致していない。二〇一五年の九月に行われた世論調査の結果を見てみると、国境フェンスの建設については、白人が五四％、共和党支持者は七三％が支持しているものの、アメリカ国民全体では四六％が支持しているに過ぎない。黒人の支持率は三三％、中南米系の支持率は二五％、民主党支持者の支持率は二九％、無党派層の支持率は四四％である。

アメリカ国籍の出生地主義原則については、共和党支持者の支持率は四四％にとどまるものの、全体の支持率は六〇％に及ぶ。中南米系の支持率は七九％、黒人の支持率は七〇％に及ぶが、白人の支持率は五三％にとどまっている。民主党の支持率は七五％、無党派層の支持率は五八％である。

また、一定の要件を満たした不法移民への合法的滞在許可については、アメリカ国民全体の七四％が支持している。中南米系は八七％、黒人は八三％、民主党支持者の八〇％が支持しており、白人の支持率も六八％、共和党支持者の支持率も六六％に及ぶ。ただし、彼らに市民権を付与することについては、民主党支持者の場合は五七％、中南米系は六二％が支持しているものの、世論は全体的に否定的な反応を示している。

世論調査の結果を見ると、共和党候補の対応は、共和党支持者の傾向にはある程度合致している。そのため、投票率が低く、活動家の参加率が高い党内候補選出段階では、共和党候補の戦略には合理性があると言えるかもしれない。しかし、投票率が高く、無党派層の支持獲得も目指さなければならない本選挙段階では、この戦略は否定的な影響を及ぼす可能性もある。

では、トランプに代表される共和党候補の戦略には、合理性があるのだろうか。以後マイノリティ人口が増大するにつれて、マイノリティの支持を得ている民主党が有利となり、共和党が大統領選挙で勝利する可能性が低下するとしばしば指摘されている。共和党候補の戦略を批判する人々が念頭に置いているのは、このような議論であろう。

繰り返し指摘しているように、中南米系などのマイノリティの人口が増大しつつあるのは紛れもない事実である。しかし、今日、白人は有権者の七五％（人口の六三％）を占めており、短期的には、白人の投票行動が重要な意味を持つ。白人のバックラッシュ（反発的行動）に関する研究によれば、マイノリティ人口、とりわけ、中南米系移民の人口が多い州では、白人による反発が共和党に大きな力を与えていることが明らかにされている。

アメリカの選挙分析に関しては、有権者の政党帰属意識の重要性を強調するミシガン・モデルと呼ばれるものが有力だった。ミシガン・モデルは、政党帰属意識はいったん形成されると変化することがないと想定することが多かった。しかし、近年の調査によって、政党帰属意識や投票行動は、多くの移民が存在するようになると変化することが明らかにされている。

†不法移民に対する見方と政党支持

この問題は、不法移民に対する見方と政党帰属意識の関係を検討すれば、よりはっきりする。

図9は、不法移民に好意的な立場をとる人は民主党を、否定的な立場をとる人は共和党を支持する傾向があることを明らかにしている。しかも、これは単なる相関関係ではなく、移民に対する認識が党派支持に影響を及ぼしている。もちろん、移民に対する態度が政党支持を規定しているわけではないが、移民に対する態度は独立に政党支持に影響を与える変数なのである。

なお、この調査によれば、有権者は不法移民、移民、中南米系という言葉を区別して用いているわけではなく、それらの用語を入れ替えても同様の結果が見られるという。その一方で、有権者はアジア系については異なった態度を示しており、アジア系に好意的な立場をとる人は共和党を支持する傾向が見られるという。同調査は、アジア系はモデル・マイノリティと見なされていることがその背景にあるのではないかと推測している。

図10は、不法移民に対する態度と共和党への投票率の関係を分析したものである。Aが大統領選挙、Bが連邦下院議員選挙、Cが連邦上院議員選挙に関するものだが、いずれの

図も、不法移民に対して否定的な態度を示す者は共和党候補に投票する傾向があることを示している。これについても、単なる相関関係ではなく、不法移民に対する態度が共和党への投票につながるという関係性が見いだされている。

図9　不法移民に対する見方と政党帰属意識

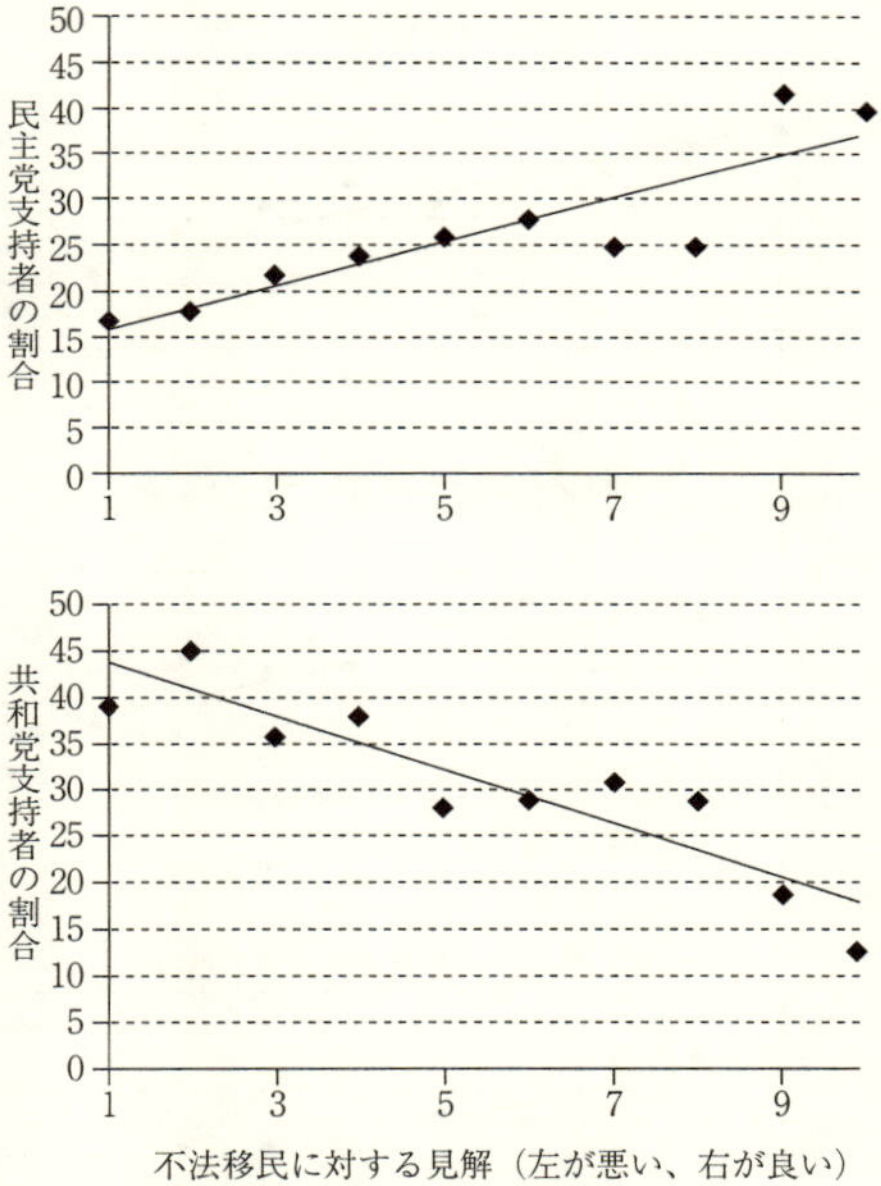

（出典）Abrajano, & Hajnal, *White Backlash*, p. 67.

不法移民に関する世論の意識と共和党候補の行動の間にずれがあるのは確かだが、以上の結果は、反不法移民の風潮を作り出せば、白人が共和党に投票する状況を作り出せる可能性があることを示唆している。

図11と図12は、中南米系を除く白人について、政党帰属意識の変遷（図11）と連邦下院議員選挙における共和党への投票率（図12）を表したものである。これらの図を見

れば、一九七〇年代と八〇年代には、白人は民主党支持者が多かったことがわかる。しかし、一九九〇年代以降、中南米系を除く白人は、共和党を支持する傾向が顕著に強まっている。民主党が移民に寛大な態度を示す一方で、共和党が移民に強硬な態度を示すようになったことが、この傾向を強化していると推測することができるだろう。

図10 不法移民に対する態度と共和党への投票率

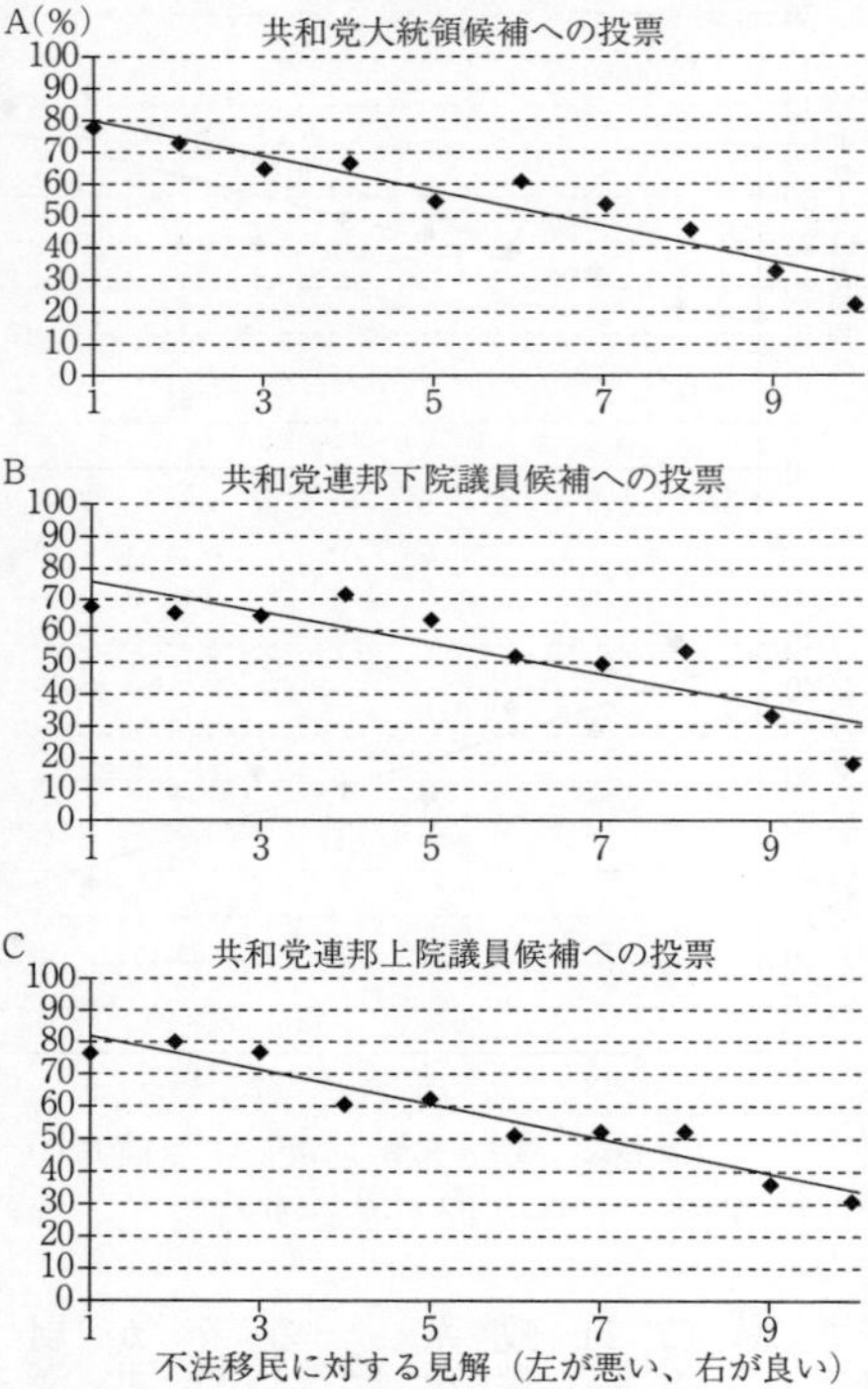

（出典）Abrajano, & Hajnal, *White Backlash*, p. 95.

民主党も、近年はマイノリティに目を向け過ぎて、白人票をとることができなくなっていることを自覚している。そのため、民主党が白人対策を講じていると思われる現象も見られるようになっている。例えば、クリントン政権期以降の民主党が、社会福祉の受給に際して福祉受給者に勤労を要求するようになったことはその表れだと言えるだろう。また、

図11　中南米系を除く白人の政党帰属意識の変遷

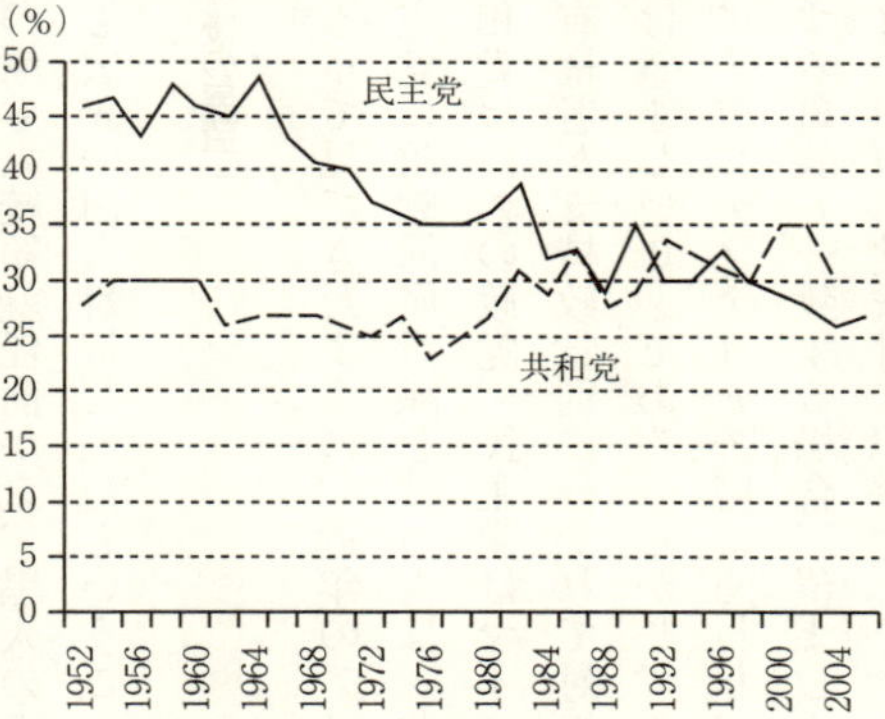

（出典）Abrajano, & Hajnal, *White Backlash*, p. 81.

図12　中南米系を除く白人の、下院議員選挙における共和党への投票率

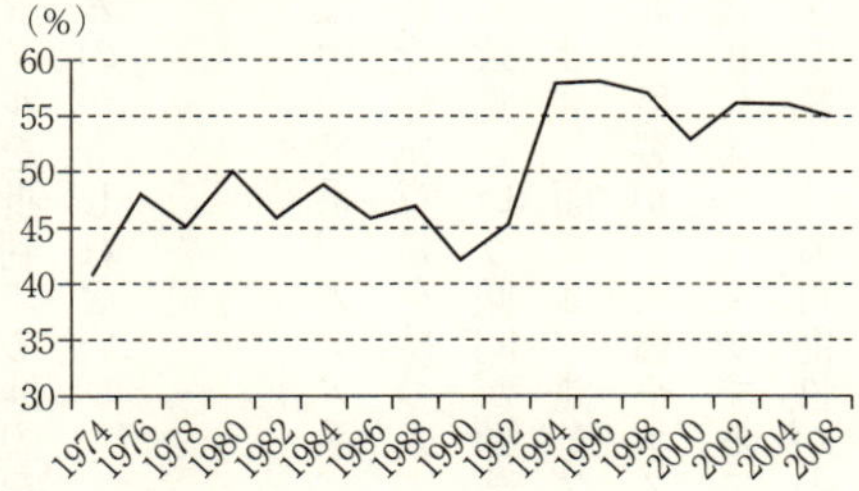

（出典）Abrajano, & Hajnal, *White Backlash*, p. 92.

オバマも大統領就任前から、黒人のライフスタイルを批判する演説を繰り返していた。それも広義の白人対策だったということもできるのかもしれない。

†今後の展望

本章で見てきたように、近年のアメリカでは中南米系、アジア系、黒人の全てにおいて、民主党に政党帰属意識を持つ人は、共和党に政党帰属意識を持つ人よりも多い。その結果、共和党は白人の政党、民主党はマイノリティの政党という傾向が顕著になりつつある。

有権者が支持政党別に分かれて対峙することは、一面では、健全な民主主義社会においては望ましいことである。しかし、その政党間の亀裂が、人種やエスニシティなど、人々のアイデンティティと密接に関わり、自らの選択によって変更することができない属性に関する亀裂と一致する場合、望ましくない結果を招来する可能性がある。人種やエスニシティに基づく党派対立が激化している今日の状況は、好ましい状態だとは言えない。しかし、今後、政党帰属意識や投票行動は変化する可能性もある。本章では主に中南米系についての分析を行ってきたが、他の興味深い事例として黒人について簡単に言及しておきたい。

近年ではアフリカやカリブ海諸国出身の黒人移民が増大しており、全ての黒人の一割を占めるに至っている。彼らは出身国ではエリートに属しており、その価値観は、奴隷の子孫である黒人よりも、白人の共和党員のそれに近いと言われている。例えば、共和党のジョージ・W・ブッシュ政権で国務長官を務めたコリン・パウエルはジャマイカ系である。また、二〇一六年大統領選挙で共和党候補となることを目指しているカーソンのように、移民の子孫ではないが共和党を支持する人も徐々に増えつつある。

このように考えれば、今後のアメリカの人種とエスニシティをめぐる政治のあり方は、共和党の選択に大きく左右されると想定できる。共和党が移民問題を白人の多数派にアピールすることを目的として使い続ければ、アメリカ政治は人種により分断され続けるだろう。その一方で、共和党がより広範な人々を対象として穏健な戦術をとるならば、移民を統合し、人種的分断が少ない政治が招来されるだろう。

共和党のポール・ライアン下院議長は、二〇一七年になるまでは、移民政策について行政部と協調することはないと宣言している。その根拠は、オバマ政権の移民政策を信頼することができないからだという。

このライアンの発言に対し、移民問題研究センター所長で文化的保守主義者のクリコリアンは、以下のような懸念を示している。すなわち、もし民主党が大統領選挙に勝利すれば、ライアンはその後も移民法改革について行政部と協調しないかもしれない。しかし、共和党候補、特にルビオが大統領になれば、ライアンは移民法改革の実現を目指すのではないかというのである。

このように、二〇一六年大統領選挙の結果は、移民国家アメリカの将来を考える上で大きな意味を持つ可能性があると言えるだろう。

第三章

移民の社会統合
――教育・福祉・犯罪

トランプ氏の人形を背に共和党候補らの移民政策に抗議する中南米系の学生ら。
2015年10月28日、米コロラド州ボールダー（共同通信社）

1　連邦制と移民

†アリゾナの事例

メキシコと国境を接しているアリゾナ州は、移民大国アメリカの苦悩を鮮明に映し出している。同州はここ二〇年で中南米系の人口が一八〇％増大しており、人口に占める白人の割合は七二％から五八％に低下した。アリゾナでは、二〇二〇年まではマイノリティが人口の過半数を占めると予想されている。今日、中南米系は人口の三一％を占めているが、有権者に占める割合は一七％に過ぎない。このような状態を受けて白人の間で反動が起こっており、それが州で多数を占める共和党に突出した移民対策をとらせる原因となっている。

二〇一〇年四月にジャン・ブリュワー州知事は、法執行機関支援近隣安全法に署名した。これはアリゾナ州の全政府機関に連邦の移民法の執行に積極的に協力することを義務付けるもので、例えば市政府に、移民の法的地位に関する情報を集めて連邦機関に提供したり、必要に応じて移民の法的地位についての情報を連邦機関に請求することを義務付けた。また、不法移民であるとの合理的疑いのある者に対して身分証明書の提示を要求する権限を法執行機関に与え、不法移民であると信じるに足る相当の理由がある場合には、令状なしに当該人物を逮捕する権限も与えた。

これらの方針は、ティーパーティなど保守派から強く支持されている。だが、連邦司法省は、この方針に異議を申し立てた。州以下の政府には移民を取り締まる権限がないこと、明確な根拠がないにもかかわらず行われる一連の措置は違法な人種的プロファイリングに当たることが、その根拠とされた。

アリゾナ州は二〇一〇年五月には、特定のエスニック集団のために設計された、あるいは、エスニック的一体感を重視する可能性のある授業を、州内の公立学校などで実施してはならないと定める法律を制定した。これは、二カ国語教育を廃止して英語のみを授業で用いるよう定めた二〇〇〇年の住民提案を発展させたものである。また、公的な便益の享受に関わる投票に際して市民権保持の証明を要求するアリゾナ納税者市民保護法や、不法移民を雇用する企業に罰則を与える二〇〇七年アリゾナ労働者法を拡張する法案も提出されている。

同州は、温暖な気候を魅力として不動産産業が経済を牽引してきた州である。しかし、二〇〇七年に住宅バブルがはじけると景気が悪化し、二〇一一年には全米で二番目に貧しい州となり、深刻な財政状況に陥っている。このような状況を背景にアリゾナ州の共和党は、州の抱える問題について連邦政府を批判し、反移民と自警主義、小さな政府を掲げる州の伝統を強調することで支持を広げてきた。彼らは、連邦政府が州に負担を押し付けてばかりいると批判している。

†社会統合と連邦制

アリゾナ州の事例は、外国人の受け入れの問題を考える上では、単に出入国管理について考えるだけではなく、彼らをどのように社会に統合していくかを構想することが不可欠なことを明らかにしている。移民の社会統合を考える上で重要な役割を果たすのが、州政府と地方政府である。

第一章で、アメリカにとって移民は、両義的な意味を持つ存在だと指摘した。アメリカは自国を、ヨーロッパの専制君主による政治的・宗教的弾圧から逃れてきた人々が作った移民の国と規定している。アメリカン・ドリームを夢見てやってくる移民は、一方で共通の過去を思い起こさせ、アメリカの価値が優れていることを再確認させてくれる存在である。その一方で、移民は新しい社会問題を惹起し、時にアメリカの価値観を掘り崩す危険性を持つ存在と見なされてきた。

そのため、移民をアメリカ社会に受け入れる際には、移民にアメリカ的な文化と価値観を身に着けさせなければならない。だが、移民の受け入れを決定する権限を持つ連邦政府は、移民に対してアメリカ的な理念を教育する公式の制度を持っていない。また、入国した移民の居住地を制限することもできない。移民をアメリカ社会に統合する役割は、移民が居住する州政府や地方政府が担わなければならない。

このように、アメリカの移民政策は機能的に見れば、連邦政府が出入国管理という形で移民政策の大枠を決め、州政府、地方政府が実際の社会統合を担うという役割分担をしている（なお、アメリカでは連邦政府と州政府が主権を分有すると位置づけられている。地方政府は一般に主権を持たない政府のことなので、アメリカでは州政府は地方政府に含まれないことに注意が必要である）。だが、州政府、地方政府から見れば、この役割分担は望んだものではなく、社会統合に必要なコストを一方的に強いられているという意識が強い。これが、アメリカの移民対策をめぐる連邦政府と州政府、地方政府の対立につながっているのである。

†移民問題と連邦制

アリゾナ州の事例が示すように、近年のアメリカでは、移民対策をめぐって連邦政府と州以下の政府が対立することが多い。一般的には、移民問題に直接対峙しなければならない州以下の政府の方が、連邦政府よりも移民に対して強硬な態度をとっている。その理由は、アメリカの連邦制の問題に求められる。

先ほど指摘したように、アメリカでは、連邦政府が出入国管理を行い、州以下の政府が入国した移民に対する直接的な対応を担っている。どのような人物をアメリカに入国させるかを決めるのは連邦政府の専権事項である。また、連邦政府が国境地帯で出入国を管理することができるのと異なり、州以下の政府は人々が州や地方政府の境を越えて移動するのを制限することはできないので、いったん入国した人が自らの地域に居住するのを望んだ場合、それを拒むことはできない。州以下の政府としては、基本的には、自分の地域に好ましくない移民が居住するのを防ぐために、取締り強化や福祉縮減などの間接的な対策をとることしかできないのである。

このように、州以下の政府は、好ましくない人々を入国させることのないよう、連邦政府に期待するより他はない。だが、入国する移民の性質について、州以下の政府から見れば、連邦政府は矛盾した、あるいは欺瞞的な態度をとっているように映る。その矛盾が鮮明に出るのが、貧困と社会福祉の領域である。

アメリカの移民法は、連邦政府の移民局に対し、貧困な移民の入国を制限する権限を与えている。その移民法の規定に基づいて移民局が審査を行っている以上、アメリカには貧困者は入国していないはずだというのが連邦政府の立場である。

だが、アメリカに貧困な移民が流入しているのは周知の事実である。アメリカでは公的扶助プログラムの骨格を連邦政府が定めているものの、州以下の政府はその執行を委ねられており、その必要経費を一定割合で負担する必要がある。そして、一九九六年まで、連邦政府は福祉関連法規で市民権を取得していない者への社会給付を禁止してこなかったので、市民権を持たない移民も公的扶助を受けることが可能だった。州以下の政府は、移民に対する給付を半ば強いられていた。もちろん、連邦政府は州以下の政府に対して補助金などの財政支出を行っているが、経済成長が終焉を迎えた一九七〇年代以降、移転支出額は減少する一方である。

州政府からしてみれば、連邦政府からの移転支出額が減少したので、移民に対する社会サービスを縮減したいとの思いがあるだろう。しかし、連邦政府は、具体的な政策の執行は州以下の政府に委ねているとの立場を崩さない。中央政府が財政的な困難に直面すると、様々な政策分野を「分権化」して地方政府に「権限と責任」を与えるという名目で負担を押し付けるのは世界的に見られる傾向だが、アメリカでもこの傾向は顕著に表れている。しかも、給付を得られなかった人々の不満は、給付業務を担う州以下の政府に向かってしまう。

税についても、州以下の政府は連邦政府に対して不満を持っている。移民も税を当然ながら負担しているが、その多くは賃金支払い時に給与から天引きされる社会保障税である。社会保障税は連邦政府に納入されているため、年金を運営する連邦政府に対して、移民は財政的に貢献している。それに対し、公的扶助の提供を行っている州以下の政府に対しては、税の面で、移民の直接的貢献は小さい。もちろん、実際の税制は複雑で、州以下の政府は連邦政府から様々な移転支出を受けているため、移民が税制の上で間接的に州以下の政府に貢献している部分もある。とはいえ、それが間接的である以上、その貢献は認識されにくい。

このように、州以下の政府は、移民が流入することによって財政的な恩恵を直接的に受けているわけではないにもかかわらず、自らの政策に起因するわけではない負担を、連邦政府から強いられているとの不満を持つのである。

†連邦裁判所の判断

それでは、州以下の政府は移民に対する給付を独自に制限することはできないのだろうか。そもそも、アメリカの政府は、移民を含む外国人と国民の権利を別個に定め、外国人や移民の権利を制限することはできるのだろうか。

連邦最高裁判所は、この問題について、連邦政府と州以下の政府に対して、異なる判断をしている。

連邦最高裁判所は、連邦政府に対して、外国人に対し国民と異なる対応をとることを認めている。例えば、一九七六年の判決で、外国人も適正な法の手続きを経ずに自由や財産を剝奪されない権利を持つとしながらも、それは、外国人が国民の持つ全ての利益を享受できることを意味するわけではないと判断している。連邦議会は、帰化や移民に関する絶対的権限を持っており、アメリカ国民に適用しようとすれば受け入れられないような規制を、移民や外国人に課すことができる。重大犯罪に着手した者を国外退去処分に処し、再入国を認めないというのはその例である。

一方、連邦最高裁判所は、州以下の政府に対しては異なる判断をしている。移民や外国人に対する、政治的側面についての区別は承認するものの、経済的側面に対する区別は承認しないというのが、連邦最高裁判所の立場である。州政府の政治的分野に関する差別については合理的な基準があれば比較的広範に認められるものの、外国人の経済的利益に関する場合には厳格な審査基準が適用される。

具体的に述べれば、一九七三年の判決の付随意見で、政治問題については厳格な審査が及ばないことが示唆されて以降、警察官や公立学校の教師などの公的職業から外国人を排除する州法の合憲性が認められるようになっている。民主政治では政治的自己決定に関わる権利を持つのは政治共同体のメンバーに限定されるというのがその根拠である。したがって、純粋に事務的な公職から外国人を除外することは認められていない。

移民や外国人が州議会や市議会の選挙で、選挙権や被選挙権を求めた場合、州以下の政府はそれを拒否することができる。州以下の政府の政治に関する判断については、州以下の政府が行うことができるというのである。一九世紀には多くの州政府が外国人の投票を禁止する規定を設けておらず、移民にも投票権を認めるのが一般的な慣行だった。だが、今日では、州議会選挙などでアメリカ国籍を持たない者が票を投じることは、州法で禁止されている。ただし、後で述べるように、学校区の選挙に関しては、アメリカ国籍を持たない者に投票権を認めている場合が多い。

ちなみに、連邦議会等の選挙権に関しては、合衆国憲法で、州政府は州議会の選挙権を持つ者については連邦議会選挙でも選挙権を認めなければならないと定めている。この規定によって、一九世紀にはアメリカ国籍を持たない移民が連邦の選挙の際に票を投じることがしばしばあった。だが、アメリカ国籍を持たない者が連邦の選挙で投票することは一九二八年に判例で禁止されたので、仮にどこかの州政府がアメリカ国籍を持たない者に州議会での選挙権を付与する決断をしたとしても、彼らが連邦の選挙で投票することは認められない。

†経済分野についての判断

これに対し、経済分野に関しては、州以下の政府が国民とアメリカ国籍を持たない者に対して異なる判断をすることは禁止されている。この判断を下したのが、一九七一年の判決である。アリゾナ州は、連邦の社会保障法に基づいて提供されていた公的扶助プログラムの支出増を受けて、その受給資格を国民およびアメリカに一五年以上居住する外国人に限定しようとした。これに対し、最高裁判所は、二つの根拠によって、その法律の合憲性を否定した。

一つ目の根拠は、外国人であることに基づく分類は、性別や人種に基づく分類と同様に本質的に疑わしい分類に該当し、外国人も国民と同様に平等保護条項の保護を受けるということだった。裁判所によれば、外国人も税金を払い、軍隊に召集される可能性がある。長期間アメリカで働いて経済発展に貢献する者も存在する。外国人であることを根拠として異なる対応をすることの妥当性については、厳格な判断が必要となる。支出抑制という経済的理由のみに基づいて、州政府がそのような差別を行うことは容認できないというのだった。

もう一つの根拠は、出入国に関する連邦政府の絶対的権限に基づくものである。先ほど指摘したように、連邦政府は、公的な負担になりそうな外国人の入国に制限を設けている。言い換えれば、入国した者に対する公的な負担は一般国民と変わらないという判断を連邦政府はしているということである。そして、当時の連邦の社会福祉政策は、アメリカ国籍を持つ者とそれ以外の者を区別する規定を設けていなかった(後述の通り、この方針は一九九六年に改定された)。そうである以上、入国後に経済的に困窮する外国人が出てきたとしても、外国人はアメリカ国民と同様、完全かつ平等な恩恵を受ける権利を持つ。州政府が福祉受給要件として居住期間を設定することは、連邦政府の排他的権限を侵害しており、憲法上容認できないというのだった。

これらの判決の結果、アメリカの移民に対する政治過程は、独特の性格を持つようになった。移民に直接的に対応する州以下の政府は、連邦政府よりも問題を明確に自覚せざるを得ない。にもかかわらず、移民対策について十分な権限を持たないため、移民に対するサービスのあり方の変革は、連邦政府の決定を待たなければならないのである。

もちろん、州以下の政府は、様々な政策的手段を用いて間接的に影響を与えようとする。しかし、そのような努力には、上述のような制約が課されている。州以下の政府の移民対策は、様々な制約がある中で実施されているのである。以下では、教育、広義の社会福祉、犯罪対策について、現状と州以下の政府の試みについて概観することにしたい。

2　教育

†ハンティントンの懸念

世界的ベストセラーとなり、賛否両論を巻き起こした『文明の衝突』の筆者で、著名な政治学者であるサミュエル・ハンティントンは、二一世紀初頭に著した『分断されるアメリカ』（原題は『我々は何者か？』）で、アメリカの移民問題、とりわけ、中南米系移民がアメリカ社会にもたらす影響について警鐘を鳴らしている。建国期以来、一貫して多民族性をその特徴としてきたアメリカでは、様々な移民やエスニック集団を統合する上で、アングロ・プロテスタントの入植者が作り上げた「アメリカ的信条」が重要な役割を果たしてきた。出身国における政治的、宗教的迫害から逃れるべくアメリカに移民してきた人々は、アメリカ社会で成功を収めるためには、自由、平等、個人主義、民主主義、法の支配などの価値を中核とするアメリカ的信条を進んで身に着けることが必要だと考えられてきた。

しかし、近年増大している中南米系移民、とりわけ、メキシコ系移民については、事情が大きく異なっている。長い期間をかけて船で渡航してきたかつてのヨーロッパ系移民と異なり、中南米からの移民は、陸続きで入国することができた。飛行機などの交通手段が発達したこともあり、彼らは比較的容易に出入国を繰り返すことができる。さらには、中南米諸国がアメリカとの二重国籍を奨励する政策をとっていることもあって、近年の中南米系移民はアメリカ社会に定着するというよりも、出稼ぎ感覚でアメリカに来ている場合も多い。

そのため、中南米系移民は、アメリカに忠誠心を持たず、アメリカ的価値観を身に着ける必要性を感じていないばかりか、いずれ出身国に帰ることを念頭に置いて、その子どもたちに、英語ではなくスペイン語などの出身国の言語で教育を受けさせることを希望する場合すらある。ハンティントンは、このような中南米系移民の態度が、理念に基づく国家であるアメリカの基盤を掘り崩すと指摘しているのである。

†アメリカの教育政策の特殊性

ハンティントンの懸念を理解するためには、アメリカの教育制度が日本と大きく異なっていることをおさえておく必要がある。

まず言語に関して、アメリカには日本における日本語のような「国語」が存在しない。アメリカでは最も多くの人が英語を用いているが、基礎教育を英語で行わなければならないと連邦法で規定されているわけではない。そのため、基礎教育をスペイン語で行うことも可能である。

また、アメリカでは、日本の教科書検定のような制度が存在しない。州政府が公立学校や州政府の補助金を受ける学校で行われる教育について、一定の規制を設けることはできる。しかし、アメリカでは基礎的な教育を児童に与えることは義務となっているものの、子どもを学校に通わせることが義務付けられているわけではない。そのため、最低限の要件を満たしてさえいれば、子どもへの教育を家庭で行うことも可能である。

仮に子どもに公立学校で教育を受けさせることにした場合でも、その教育内容は学校区単位で決定されることが多い。学校区の選挙は国政選挙とは独立して実施され、その選挙権を定めるのは基本的に地方政府である。アメリカでは、一九八二年に連邦最高裁判所が出した判例によって、不法滞在中の子どもであっても初等・中等教育を受ける権利が認められている。そのため、不法移民の子孫が多い学校区では、合法的な滞在資格を持たない不法移民にも選挙権が与えられることが多い。学校区の長となることを志す者は、有権者の意向を踏まえた選挙公約を掲げるため、例えば保守的な地域では、進化論を教えさせないと公約することがある。同様に、中南米系住民の多い地域では、二カ国語教育を行うこと、場合によっては、教育をスペイン語で行うことが公約されることもある。

このような教育制度の下では、移民の子どもにアメリカ的価値観を教えることが重要と一般的に認識されたとしても、それを現実化するのが容易でないことがわかるだろう。日本以上にアメリカでは、公民の授業をどのように実施するかが重要な問題となる。だが、州政府や都市政府が移民の子どもに教える内容を規定するのは困難である。

このようにアメリカ的価値観を重視しない親がいることを踏まえて、そのような人の子どもたちに税金を使うことを拒否する観点から、合法的な滞在資格を持たない子どもたちが公立学校に通うことを否定しようとする動きも存在する。アリゾナ州でも、不法移民が公教育にアクセスするのを妨げようとする住民提案がなされたことがある。同様に、アラバマ州なども、二〇一一年にビーソン＝ハモン納税者市民保護法を制定し、不法移民が公立学校に通うのを妨げようと試みている。だが、それらの試みが成功しているわけではない。

†ドリーム法をめぐって

不法移民と教育の関係をめぐっては、高等教育でも紛争が起こっている。国籍を持たないままにアメリカで初等・中等教育を修了した不法滞在者が高等教育を受けることのできる年齢に達した際に、どのような処遇を施すかが争点である。

不法移民の中でも、自らの意思に基づいて不法入国した人に高等教育を受けさせる必要はないという主張は強い。だが、自らに責任を帰することのできない状況で不法に国内に入国した滞在者、例えば、幼少の頃に家族に連れられて不法入国した者をどのように処遇するかという問題は解決困難である。この問題に関連して、ドリーム法と呼ばれる法案について、しばしば議論されてきた。

ドリーム法は、the Development, Relief, and Education for Alien Minors Act の頭文字をとったもので、連邦レベルのみならず州レベルでも頻繁に提起されている。ただし、同じくドリーム法といっても、その内容は連邦レベルと州レベルでは異なっているし（連邦レベルで提起されているドリーム法は、教育の問題に加えて、不法移民の若者への合法的滞在許可も検討の対象としている）、州間でも違いが見られる。

具体的には、州立学校が他の一般州民と同様の割り引いた授業料を彼らに適用するのを認めるかどうかという問題が発生する。また、州立の高等教育機関に在籍するために必要な奨学金への申請を容認するかも問題になる。多くの州で提案されているドリーム法は、高等教育機関への進学を志す、アメリカで初等・中等教育を修了した不法滞在中の学生に、そのような権利を認めようとするものである。

アメリカ国内に滞在するそのような不法滞在者の中には、幼少期からアメリカ国内に居住しているために、アメリカ人としてのアイデンティティを持っている者も少なからず存在する。彼らの中にはいわゆるアメリカン・ドリームを持って、社会の周縁に置かれながらもアメリカ社会の発展に貢献しようとする人々も存在する。

そのような人々を、不法滞在者として一律に強制送還の対象とするべきなのか、それとも、何らかの条件を付けた上で合法的な地位を与えてアメリカ国内で高等教育を受けるのを認めるべきなのかは、政治的に判断の難しい問題である。仮に、第二章で検討したIRCAのような方針に基づいて、アメリカ国内に長期間居住している人に合法的地位を付与することを認めるならば、彼らが高等教育を受けやすくしてアメリカ社会に貢献してくれることを期待するのは好ましい措置だと言える。その一方で、不法移民に合法的地位を与えることを拒否する立場からすれば、たとえ子どもの頃に親に連れられて入国した人であっても、彼らのために公的な資金を用いるのは好ましくないということになるだろう。

ドリーム法をめぐる議論は、法的地位の定かでない人々をアメリカ社会に統合すべきか否かという問題とも関連しつつ、回答困難な問いを突きつけている。

†移民と積極的差別是正措置

高等教育と移民の関係について、発生している問題をもう一つ紹介しておきたい。私立大学なども含む、高等教育機関の学生受け入れ方針をめぐる問題である。この点については、不法移民ではなく「アフリカ系」アメリカ人の扱いが問題となっている。

アメリカでは奴隷制が存在していたこともあり、アフリカから強制的に連れてこられた人々とその子孫が社会的に劣位に置かれてきた。そのため、過去の差別の反省に立ち、黒人、あるいは、アフリカ系アメリカ人の社会的地位向上を目指して、リンドン・ジョンソン政権期以降、積極的差別是正措置がとられてきた。

ジョンソン政権が念頭に置いていた積極的差別是正措置には、劣位に置かれた人々の社会的地位を改善するための包括的な対策、例えば、教育の拡充なども含まれていた。しかし、そのようなコストのかかる方策を嫌った共和党のリチャード・ニクソン大統領やロナルド・レーガン大統領は、包括的な政策を導入するのではなく、人事や契約などの際にマイノリティの人々を優先することに、その内容を限定した。

具体的な方法としては、マイノリティに一定の枠を確保するクォーター制や、同等の状況にある人々から誰かを選ぶ際にマイノリティを優遇するプラス評価制など、様々なヴァリエーションが存在する。だが、いずれの場合も教育制度拡充などの措置を伴わないため、コストをかけずにマイノリティを優遇できる方法として採用されることが多いのである。

先ほど、積極的差別是正措置についてはアフリカ系アメリカ人の問題が存在すると指摘した。注意しなければならないのは、アフリカ系アメリカ人という場合、奴隷を祖先に持つ人々の他に、アフリカからやってきた移民やその子孫なども含まれることである。移民以外にも、例えばバラク・オバマはケニアからの留学生と白人女性の間に生まれたアフリカ系アメリカ人だが、奴隷を祖先に持たない。今日では、ジャマイカなどからの移民とその子孫も含めるならば、全黒人の一〇%が奴隷と関わりのない人々になっていると言われている。

アフリカからアメリカに移民や留学をしてきた人々は、出身国では経済的にも成功したエリートである可能性が高く、共和党を支持する傾向が強い。彼らは、奴隷を祖先に持つ黒人との一体感を持っているわけではない。そのような人々が、もともとは奴隷を祖先に持つ黒人に対する差別を是正するために導入された積極的差別是正措置で設けられた優先枠を活用してエリート大学に入学する事態が、今日発生している。大学からしてみれば、そのような人々の方が授業料を滞納する可能性も低いので、高い能力を持つ黒人の移民がいれば、積極的差別是正措置を用いて彼らを優先的に入学させることに利点があるだろう。

だが、そのような人々が積極的差別是正措置を活用してエリート大学に入り、社会的地位を向上させることの妥当性については、議論の余地がある。

これは、積極的差別是正措置をどのように位置づけるかという問題とも関連する。一方では、積極的差別是正措置は、過去の差別に対する補償の意味がある。その一方で、今日の積極的差別是正措置には、高等教育などの場でマイノリティの社会的代表性を確保するという意味もある。奴隷に起源を持つ人であれ、アフリカからの移民であれ、肌の色が黒い人が一定程度存在すれば、社会的代表性の確保に努めていると主張することが可能であり、それには社会的な意義もある。積極的差別是正措置には逆差別の問題が伴うことがしばしば指摘されているが、それ以外にもこのような問題が存在するのである。

3　社会福祉政策

†移民と社会福祉政策

今日、主要先進諸国では、移民に対して福祉を給付することの妥当性が重要な検討課題となっている。グローバル化の進展に伴い移民が世界的に増大する中で、多くの西洋民主主義国が人種やエスニシティの多様性を現実のものとして受け入れつつある。

その一方、福祉国家はリスクの分散を目的としていることもあり、その正統性を維持する上では社会の構成員の間で一定の一体感、連帯感、信頼が求められる。社会的な多様性が増大すれば、その一体感や信頼が損なわれ、福祉国家の基盤が掘り崩されるのではないかとの懸念が生じており、とりわけ西ヨーロッパ諸国では、移民に対する排斥主義的な動きが顕著になりつつある。福祉の問題を考える上では、国民を国籍法上の定義に照らして理解するだけではなく、人々の認識にまで踏み込んだ議論が重要になってくる。その意味で、移民、外国人が社会の正統な構成員と見なされているか否かは、重要な判断基準となるだろう。

それに対して、主観的な側面ではなく、経済的な対価という面に着目するならば、移民と福祉の関係をめぐる議論は大きく異なったものとなる。アメリカ国内に居住している外国人も、アメリカ市民と同様に税金を支払っている。税金は何らかの社会的サービスの対価として(のみ)徴収されるべきだという観点に立てば、税金を支払っている以上、移民や外国人にも政府から一定のサービスを受ける権利が認められるべきということになる。

もちろん、どのサービスを移民や外国人が享受できるのか、それに社会福祉が含まれるのかは別個の検討が必要だが、この観点からすれば、外国人や移民であるという理由に基づいて福祉給付を止めることには、確たる根拠がないことになる。

もちろん、何らかの税を支払っているということだけで、ただちに社会福祉給付が権利として認められることにはならない。そして、移民が社会福祉を受給することを批判する議論に、移民がアメリカ社会に十分な財政的貢献をしていないという認識があることは間違いない。今日、アメリカにやってくる移民の多くが中南米やアジア出身だが、アメリカと出身国に経済格差が存在することは周知の事実であり、生活の糧として社会福祉を活用する目的を持ってアメリカにくる移民がいるのではないかとの疑念もしばしば提起されている。アメリカの寛大な社会福祉政策が貧困な移民を引き寄せているというのである。この議論の妥当性は後に検討するように乏しいが、移民と福祉をめぐる近年の大改革である一九九六年の改革の背景には、そのような認識があったとされている。

以下、移民と社会福祉政策の関係について検討するが、社会福祉政策と言っても、その内容は多様である。以下では、年金（狭義の社会保障）、公的扶助（狭義の社会福祉）、医療保険の三分野について検討することにしたい。

†年金の基本的仕組み

年金はアメリカでは例外的に包括的なプログラムであり、制度的安定性が高い。年金システムは二階建ての構造となっている。

一階部分は一九三五年の社会保障法によって制度化された社会保障年金であり、労働賃金から強制的に徴収される社会保障税の額に基づいて提供される。税という形で強制的に貯蓄された労働賃金が還付されるものと一般に理解されているが、実際の年金は現役世代によっても負担されており、厳密には自らの拠出金が返還されているわけではない。社会保障税は内国歳入庁が所得に応じて徴収しており、任意による不払いは認められない。年金は一部の公務員と鉄道業労働者を除く全労働者をカバーしていることもあり、年金基金に対する信頼性は高い。

社会保障年金は、労働と社会保障税の納付を一〇年（正確には四半期の労働と納付を四〇回）以上行っていれば受給資格が認められる。給付額については、低所得者に対する一定の配慮がされているとはいえ、基本的には勤労時代の拠出に応じて定められている。また、政治判断で給付額を増大させたり増税を回避したりするのは好ましくないとの判断もあり、一九七二年以降、社会保障給付と社会保障税は、生活費の平均値の増減に合わせて自動調整されていることになった。保障水準は基礎的なものに限定され、一階部分単独で十分な退職後所得源となることは想定されていない。

二階部分の企業年金は雇用主の任意に基づく年金であるため、全ての労働者が給付を受けられるとは限らない。また、給付内容も多様である。企業年金は労働管理の手段として発達してきたこともあり、良質な労働者の忠誠を確保するために、勤労年数と現役時の給与水準に比例するように設計されていることが多い。

このように、強制的徴収を特徴とする一階部分、企業年金から成る二階部分ともに、アメリカの年金は、生活資金は自ら稼いで得るべきだという規範に基づいて設計されており、その制度を連邦政府が担保する構造になっている。

†年金制度と移民

この年金制度と移民は、どのような関係になっているのだろうか。結論から述べれば、移民が年金制度を悪用するのは困難だし、そもそも年金をもらうために外国人がアメリカにやってくるというのは想定しにくい。

まず、一階部分については、受給するためには一〇年間の労働と納税が必要であり、悪用が困難な仕組みになっている。また、そもそも給付額が生活を維持するのに十分な額に設定されていない。その給付金に期待してアメリカに移民してくる人がいるとは想定しにくい。

むしろ移民は、年金財政に貢献していると言える。年金財政は一般財源による補塡を認めない一方で、退職世代への給付を現役世代による拠出で補塡している。いわゆる賦課方式と呼ばれるものである。この方式は人口構成の変動の影響を受けやすく、少子高齢化の進展に伴い世代間の不公正が発生する点が世界的な課題となっている。

アメリカでも一九八三年に社会保障年金の支給開始年齢を六五歳から六七歳に引き上げる改革がなされた。だが、他の先進国と比べるとアメリカは出生率が高く、現役世代の人口が相対的に多い。これは、現役世代の外国人が多くアメリカに移民してきていることに加えて、移民の出生率が相対的に高いからである。そして、労働可能人口の多い国は経済成長が比較的容易なため、他の先進国と比べて経済成長率も比較的高く維持されている。

一方、移民の年金受給は相対的に低い。それは、年金を受給するための要件、すなわち、一〇年間の勤労と納税という要件を満たすのが困難な場合が多いからである。この要件はアメリカ生まれの人にとっては容易に達成できると想定されるが、比較的高齢になってからアメリカにやってきた移民にとっては達成は容易でない。

また、社会保障給付を受けるために必要な、一〇年間の労働と納税という要件を満たした者は、六五歳以上になった際に高齢者向け医療保険であるメディケアのパートAの受給資格が認められることになっている。これも、比較的高齢になってからも移民が働き続ける理由となっている。

これらの結果、高齢になってからも働き続けている移民は多い。年齢ごとの就業率を見てみると、アメリカ生まれの人の就業率が五〇歳代後半から六〇歳代初め頃に顕著に低下し始めるのと比べて、外国生まれの人の就業率は同様には下がっていない。例えば、ジョージ・ボージャスが二〇〇〇年の人口統計調査のデータを用いて分析したところによれば、五〇歳の時点でアメリカ生まれの者の就業率が八二・三%、外国生まれの者の就業率が七五・七%なのに対して、六三歳の時点では前者が四三・三%、後者が四七・八%となっている。

アメリカでは社会保障財政は、他の先進国ほどの危機を迎えているわけではない。その背景には制度設計も含めて様々な理由があるが、現役世代で社会保障税を支払っている移民が多いにもかかわらず、年金を給付していない移民が相対的に多いこと、また、移民の出生率の高さが少子高齢化の度合いを低いものとしていることが重要な要因となっている。

†公的扶助

公的扶助は、一九九〇年代半ば以降、移民問題と関連付けて論じられることが多い。その最たる例は、不法移民に対するサービスの提供を禁ずることを目的としていたカリフォルニア州における提案一八七号である。

ある研究によれば、アメリカの公的扶助政策の縮減は、公的扶助受給者は身体的にも精神的にも労働可能であるにもかかわらず怠惰で労働していない人が多い、しかも、その大半は黒人に違いないという、二重の誤解に基づいて進行したという。福祉政策実施の前提となる社会の構成員の一体感や信頼が人種によって分断された結果だと言える。

なお、一九九〇年代前半には中南米系に対するイメージと福祉政策に対する見解には明確な相関関係は見られなかったが、二〇〇〇年代以降に行われた調査では、徐々に関連性が見いだせるようになっている。白人の七〇％程度が中南米系は福祉に依存する傾向があると見なしている。このような認識の変化が、移民の公的扶助受給に対する反発をもたらしたと言えよう。

†受給期間制限、ワークフェア、底辺への競争

アメリカの公的扶助政策の特徴は、合衆国憲法の規定(の欠如)に顕著に見て取れる。日本では憲法で全国民に健康で文化的な最低限度の生活を営む権利が認められているが、合衆国憲法には日本の生存権に当たる規定は存在しない。

今日のアメリカの公的扶助の中核的プログラムとなっている一時的貧困家庭扶助(TANF)は、この特徴を顕著に表している。このプログラムの具体的な執行は州政府に委ねられているが、継続して二年間、あるいは通算して五年間TANFを受給した者に対する福祉給付に、州政府は連邦からの補助金を利用してはいけないことになった。また、TANFは、身体的、精神的に労働可能な貧困者に関しては、労働すること、あるいは労働に必要な訓練を受けたり就職活動をすることを条件として、労働収入を補完するために政府が援助する形で給付されることになった。この方針は、一般にワークフェアと呼ばれている。

なお、TANFの受給期限を越えた場合でも、州や地方政府が独自に給付を行うのは妨げられていないので、貧困者が州以下の政府から扶助を受けられる可能性はある。とはいえ、州以下の政府は福祉を拡充してしまうと貧困者を招き寄せ、納税者の反発を招く可能性がある。これは、磁石が砂鉄を引き寄せるように福祉が貧困者を引き寄せるということから、福祉磁石論と呼ばれる考え方である。州以下の政府は福祉磁石となることを避けるべく、福祉水準を引き下げようとして、いわゆる底辺への競争を展開する傾向がある。州以下の政府は連邦政府以上に福祉給付を制限しようとするインセンティヴを持つのである。

また、貧困者は連邦政府から補足的栄養補助プログラム（SNAP）を受給できる可能性もある。SNAPは貧困者に食糧購入を可能にするための現物給付プログラムで、かつてはフード・スタンプと呼ばれていた。それが、デビットカード式に改められたのに伴って、名称が変更されたのである。ただし、SNAPの受給にあたっても、高齢者や若年者などの一部の例外を除き、健康な健常者には労働の義務が課されている。このように考えると、貧困者が公的扶助政策を悪用するのは今日では困難であるし、そもそも、アメリカの公的扶助を受給することを目的として移民がやってくるとは想定しにくいだろう。

†一九九六年の福祉国家再編と移民

以上の公的扶助政策一般の特徴に加えて、一九九六年の福祉国家再編では、移民の福祉受給に関して重要な変更が加えられた。この法案が審議された際に受給者として主に念頭に置かれていたのは、スラムに居住する黒人の貧困者たちだった。一九九六年の福祉国家再編をめぐる議論の中で、移民問題に焦点が当てられたことはほとんどなかった。しかし、移民を含む非合衆国市民に対する福祉給付を制限することについて、合意が存在したと指摘されている。

一九九六年の福祉改革と移民政策改革によって、移民と公的扶助をめぐる関係はどのように定められたのだろうか。その点を考察する上では、受給資格のある外国人か否かを区別する必要がある。受給資格のある外国人は、永住権取得者や難民、亡命者、キューバやハイチからの入国者などである。これらの人々は、連邦と州の資産調査付きプログラムを受給する資格があり、アメリカに五年間居住した後にはより多くのプログラムの受給資格を得る。これに対し、不法移民や一時的滞在者は、緊急避難プログラムを除き受給が認められない。

一九九六年改革では移民の入国日が基準として設定された。一九九六年八月二二日より前に入国した移民については、TANF、メディケイド、フード・スタンプ（SNAP）、高齢者や障碍者を対象とした補足的所得保障（SSI）プログラムを受給する資格がある。一方、同日以後に入国した移民は、国籍を取得するまではSSIやフード・スタンプ（SNAP）を受給できないし、入国後五年が経過しなければTANFとメディケイドを受給することができない。

なお、国籍を取得するには、移民は一八歳以上の永住権取得者で五年以上アメリカに居住している必要がある。また、英語を読み、書き、話す能力があり、統治機構と歴史の試験に合格し、重罪の犯罪歴がないなどの道徳的特性を備えている必要もある。アメリカ人の配偶者や帰化した人の子どもについては居住要件が三年に短縮されるし、一年以上現役の軍歴を持つ者は帰化が認められる。永住権取得者の未成年の子どもは親が帰化した際に市民権が与えられる。

移民の子であってもアメリカ国内で誕生した場合は合衆国憲法の規定に基づき国籍が与えられるため、一般的なアメリカ国籍保有者と同じ受給資格を持つ。難民や亡命者については入国後七年間は全福祉プログラムの受給資格が与えられるが、それ以後は帰化しない限り受給資格が制限される。その他、国籍を有していなくても、国内で四半期を四〇回働いた人や軍歴のある者、その扶養家族は、全給付を受ける資格がある。緊急給付、とりわけ、緊急医療や伝染病の予防接種は、国籍を持たない場合でも給付が認められる。

ワークフェアの方針に基づいて、移民についても就労支援がプログラムの中核に位置づけられている。国籍のない者に対する勤労所得税控除については、子どもが二人以上いる場合は四七一六ドル、一人の場合は二八五三ドル、子どもがいない場合は四二八ドルを上限として認められる（二〇〇八年当時）。国籍を保有しない子どもについては、低所得児童向け就学前教育プログラム、児童保育、落ちこぼれ防止法などの教育支援プログラムの受給が認められる。失業保険や社会保障給付、傷害保険、メディケアなどの保険原則に基づくプログラムは、アメリカ国民と同じ基準に基づき給付が認められる。

なお、一九九六年の個人責任就労機会調停法には高齢者や障碍者が活用してきたＳＳＩの移民への給付を打ち切る規定が含まれていたが、一九九七年の均衡予算法で修正が施された。一九九八年には、一九九六年以前にアメリカに居住していた子どもや高齢者、障碍者に対するフード・スタンプの給付が認められ、二〇〇二年には子どもや障碍者に対して入国後ただちに、また、その他の移民の場合でも入国して五年が経過した後には、フード・スタンプ（ＳＮＡＰ）の給付が認められることとなった。

また、一九九六年の不法移民改革移民責任法（ＩＩＲＩＲＡ）でも、移民が福祉に依存しないことを目指す規定が設けられた。大半の移民に関して、貧困線の一二五％を超える所得を持つ保証人がいなければならないと定められたのである。移民は貧困状態に陥ってもまずは保証人に支援を依頼するように求められ、保証人は移民が利用した福祉給付の費用を負担するよう求められることになった。

†福祉国家再編がもたらしたもの

一九九六年の福祉国家再編には、移民への公的扶助の給付条件を明確化した意義がある。しかし、実際のプログラムの実施は州以下の政府に委ねられており、潤沢な予算が与えられているわけではない。したがって、執行の責任を負う州以下の政府の負担が増大するという、アメリカの福祉国家が抱える伝統的問題点は依然として残り、より複雑化された。

また、TANFなどの給付を受けるための条件として労働の義務が課されるとともに、現金給付の総枠が縮小された。だが、これは、移民の社会への定着を妨げる危険を伴っている。アメリカで成功するには、その前提として職を得たり、住居を構えることが必要である。社会、経済的に成功するには、語学や職業訓練などへの投資を行う必要がある。ワーキング・プアに関する研究は、いったん貧困に陥ると、そこから抜け出すのが困難なことを明らかにしている。例えば、貧困者はアパートを借りようとしても敷金を払うことができないので安ホテルに泊まり続けざるを得ず、結果的にアパート代以上の家賃を支払うことになって、貯蓄ができなくなる。移民が貧困のスパイラルに陥るのを防止し、社会に定着するためには、まずは現金が必要なのである。だが、現金給付の予算が削減され、仮に移民の社会への定着が成功しなかった場合には、州以下の政府が問題に対応せねばならないということになる。

さらに、一九九六年改革で不法移民に対しては緊急避難的プログラムを除いて給付が明確に禁止された。その結果、福祉給付に際しては身分証明書の提示等が求められるようになった。この措置は、一見常識的であり、望ましい成果を生むように思われる。しかし、アメリカの場合は日本と違って住民票が存在しないため、日本では想定しないような問題を生み出している。

例えば、合衆国市民権の証明書や出生証明書を所有していないために給付を受けることのできない高齢者や黒人が想定外に多く出現した。その一方、不法移民ではないかと常に疑われる危険を伴っている中南米系の人々は常にパスポートや帰化証明書を携帯しており、給付申請が拒まれることは稀である。同じく中南米出身といっても、不法移民と合法移民、アメリカ国籍を持つ人々の状況が異なるのは言うまでもないが、市民権の確認手続きが強化された結果、中南米系よりも白人や黒人の方がより頻繁に給付申請が却下されるようになったのは皮肉だと言えるだろう。

†医療保険とマイノリティ

アメリカの福祉国家の大きな特徴は、国民皆医療保険制度が公的に整備されていないことである。そして、オバマ政権の最大の業績の一つが、医療保険制度改革であることは論を俟たないだろう。

しばしばオバマ・ケアと呼ばれるこの医療保険制度改革に対し、共和党は徹底的に反対したが、移民問題もその論拠の一つとされていた。二〇〇九年九月にオバマが民主党の医療保険改革プランは不法移民を対象としないと説明した際、サウスカロライナ州選出のジョー・ウィルソン下院議員が「嘘つきめ！」と叫んだ。当時、オバマ・ケアの下では、医療保険が不法移民にも提供されるという誤解が広まっていた。ピュー・リサーチセンターの調査では、民主党の改革案に反対した人の六六％が、同改革案は不法移民にも給付を与えるかもしれないことが反対の要因の一つだと回答した。

医療保険制度改革が、なぜ移民問題と関連させて議論されたのだろうか。実は、アメリカの医療保険制度改革には、マイノリティの問題が密接に関わっていた。

この点を考える上で重要なのは、アメリカでは高齢者向け医療保険のメディケア、低所得者向けの医療保険であるメディケイド、児童向け医療保険であるＣＨＩＰを例外として、医療保険が公的に制度化されていないことである。言い換えるならば、退役軍人向け医療サービスを受けることができるなどの場合を除き、医療保険に加入したい者は、雇用主が従業員に対して医療保険を提供する雇用主提供保険を契約しているような企業に雇用してもらうか、あるいは、直接個人で民間医療保険に加入する必要があるのである。

このように、アメリカでは医療保険が民間保険を基本とし、雇用と密接に関わる形で提供されている。これは、雇用などにおける差別がそのまま医療保険にも反映されることを意味している。マイノリティは、相対的に見ると失業率が高い。また、雇用されている場合でもその所得水準は低く、建設業や農業、サービス産業など、雇用主によって医療保険が提供されていない職種に従事していることが多い。

その結果、二〇一〇年の人口統計調査によれば、アメリカ全体では人口の一六・三％に当たる四九九〇万人が無保険状態になっていたが、中南米系の場合はその三〇・七％に当たる一五三四万人が、黒人は二〇・八％に当たる八一三万人が、アジア系は一八・一％に当たる二六〇万人が無保険者となっていた。中南米系を除く白人の中で無保険者の占める割合が一一・七％に過ぎないことを考えると、公的に医療保険制度が制度化されていないことの弊害がマイノリティに集中的に顕在化していることが理解できるだろう。

†民間医療保険とオバマ・ケア

今日のアメリカで、五〇〇〇万人近くの人が医療保険を持っていないというのは驚きだと評されることがある。しかし、逆に言えば、国民皆医療保険制度が存在していないにもかかわらず、六人に五人もの人が医療保険を持っていることの意味、すなわち、いかに民間医療保険がアメリカで広まっているかを考える必要があるだろう。

アメリカで、医療保険改革の必要性があるかを問うた世論調査は、興味深い結果を示している。八割を超える人が改革の必要性ありと答えているが、その一方で、七割を超える人が自らを取り巻く医療の状況に満足していると回答している。これは、医療保険改革一般については改革の必要性を感じてはいるものの、自らに経済的負担が及ぶことがわかれば改革に反対する可能性のある人が相当数いる可能性を示している。

オバマ政権が一時期導入を検討した、パブリック・オプションと呼ばれる公的な医療保険制度の創設案は、すでに医療保険に加入している人にとっては積極的な意味が見いだせないものだった。それはいわば、すでに医療保険に入っている人のお金で、まだ医療保険を持っていない人を助けることを意味すると考えられたのである。そして、その医療保険を持っていない人とは、黒人や中南米系などのマイノリティを意味すると考えられたのだった。

このように、医療保険制度の問題は、マイノリティという言葉は用いていないものの、マイノリティと密接に関わる問題だった。オバマ政権の医療保険政策では、最終的にはパブリック・オプションは導入されず、全てのアメリカ国民に何らかの医療保険への加入を義務付けるものになった。そして、医療保険に加入しない人には、罰金が科されることとなった。言うなれば、オバマ・ケアは結果的に、民間医療保険会社に新たな市場を開くものとなったのである。

もっとも、改革の結果、メディケイドの受給要件が緩和されたことに加えて、貧困者の医療保険加入を容易にするための補助金が導入されることになった。それについて、一部の共和党支持者が、医療保険を求めて貧困な移民・不法移民が増大すると批判を展開した。しかし、移民やマイノリティの負担は全体として間違いなく増しており、不法移民に補助金が与えられることはないので、そのような批判は見当違いである。

4　犯罪

†移民受け入れで犯罪は増えるか?

日本では、移民の受け入れについて論じる際、犯罪が増加するのではないかとの懸念が示されることが多い。同様の傾向はアメリカでも見られている。様々な調査で、アメリカの白人は、中南米系の人々は暴力的だと回答している。また、二〇〇五年に公表された調査によれば、中南米系に関するネットワーク・ニュースの報道の六六%は、犯罪やテロ、不法移民の関係についての話題だという。

だが、それが偏見であることは、多くの研究により明らかにされている。興味深いこと

図13　人口10万人あたりの収監者数（アメリカの白人と黒人については中南米系を除く）

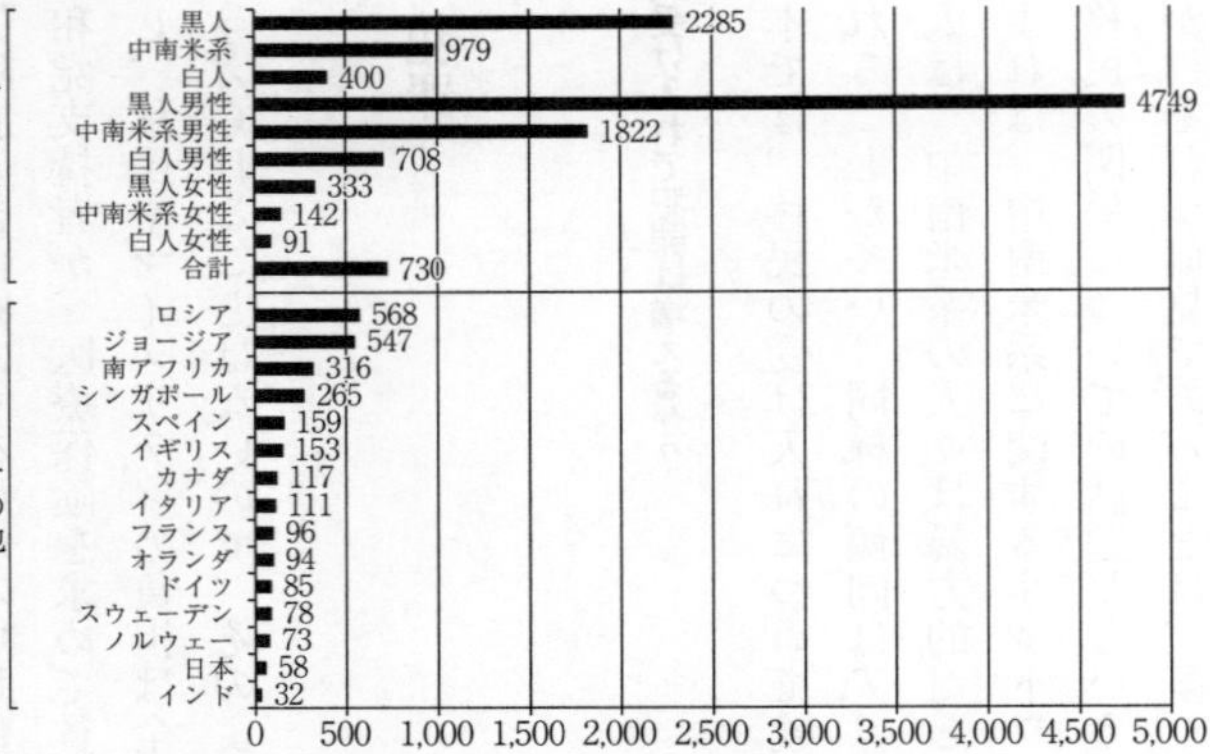

（出典） Marie Gottschalk, *Caught : The Prison State and the Lookdown of American Politics,* (Prinaton : Princeton University Press, 2014), p. 219.

に、移民人口の多い地方政府は、同じ州の他の地方政府と比べて犯罪率が低いのである。

なお、日本では外国人犯罪が増加しているが、それは、かつてのピッキング犯や自動車の不正輸出犯などを想起すればわかるように、海外から犯罪を実施するために入国した人々が犯罪を実行しているからである。一方、日本に定住する意思を示している人々については、犯罪に関与すれば国外退去となる可能性があることもあって、その犯罪率は一般の日本人と比べても低い。

アメリカの移民についても、同様の傾向があることが指摘できる。にもかかわらず、アメリカでも日本と同様、保守派の政治家やメディアが、外国人犯罪、移民犯罪の恐怖を煽り立てているのである。

問題なのは、移民犯罪に対するそのような保守派による主張が、一見したところ、データの裏付けがあるように見えることである。

図13は人口一〇万人あたりの収監者数を、いくつかの国と、アメリカにおける集団別で示したものである。収監者比率を国際比較する際には、収監される犯罪の範囲（定義）が広い国ではその率が高くなるとか、仮に同じ治安状態でも法執行機関が積極的に取締りを行えば率が高くなるなどの問題があるが、全般的な傾向を見る上では有益だろう。日本では人口一〇万人あたりで収監者数は五八人に過ぎないが、アメリカの場合は七三〇人で、ロシアやジョージアよりも多い。そして、アメリカ国内についてみれば、黒人と中南米系、とりわけ、黒人男性と中南米系男性の比率が非常に高いことがわかる。

黒人男性の収監率が高いのは、対麻薬戦争などとの関連で人種的プロファイリングがなされた結果でもあることは、日本でも比較的知られているかもしれない。では、中南米系についてはどうかと言えば、中南米系の収監率は移民法との関連で引き上げられているのである。

図14　連邦法で訴追された人数中で、移民法関連で訴追された人の割合

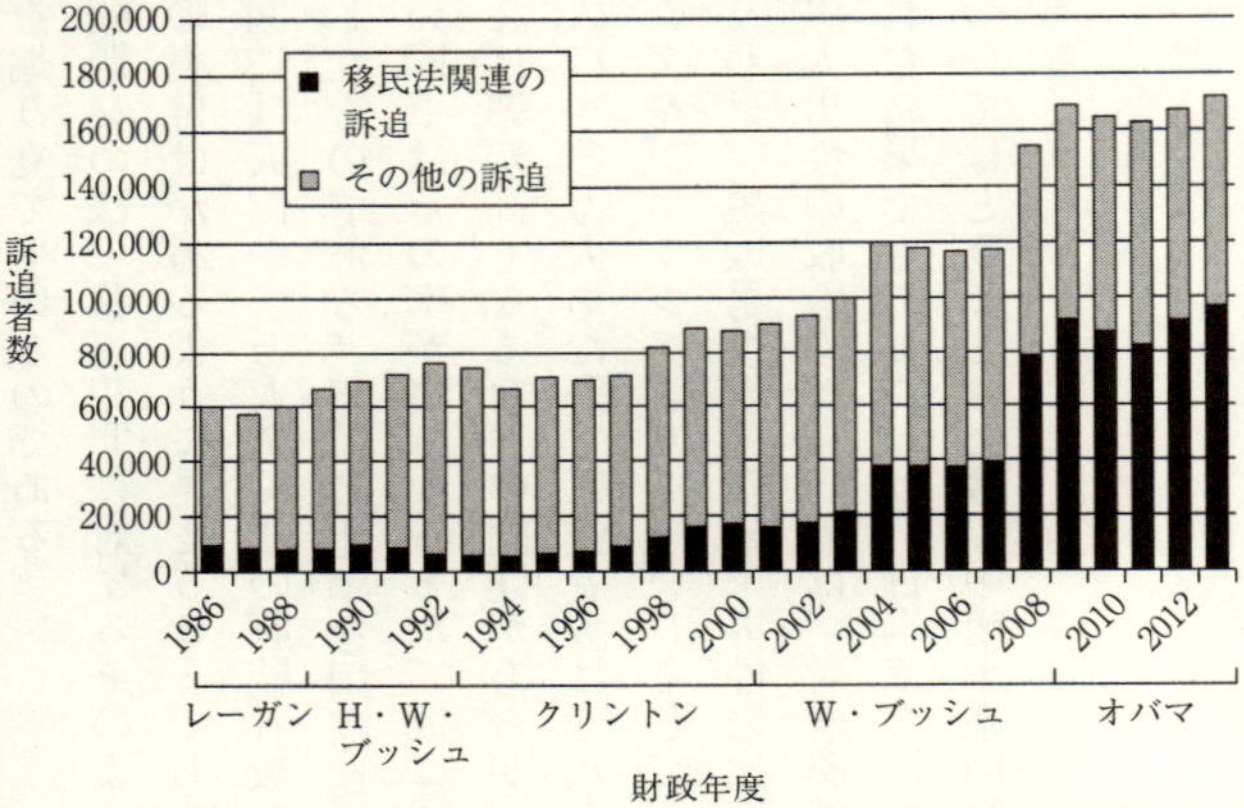

（出典） Marie Gottschalk, *Caught : The Prison State and the Lookdown of American Politics,* (Princeton : Princeton University Press, 2014), p. 225.

†ゲートキーパー作戦とストリームライン作戦

図14を見れば、アメリカの連邦法で訴追された人のうち、移民法関連で訴追された人の割合が高くなっていることがわかるだろう。近年では、移民法の執行と犯罪政策の境界が曖昧になっている。今日、移民法執行に連邦政府が用いている費用は、主要な法執行機関が用いている費用の総額を超えている。

一九九八年から二〇一〇年の間の連邦刑務所の受刑者の増加の五六％が移民法関連の廉《かど》による。二〇一三年に連邦刑務所に収監されている者の約一一％が、移民法関連の廉による。二〇一二年の段階で、中南米系は、連邦刑務所に収監されている者の三

五％、連邦裁判所で被告とされた者の約五〇％を占めるに至っている。連邦裁判所、連邦刑務所で、中南米系は今日最大の存在感を示す存在となっている。

連邦議会は不法入国に対して厳罰を科すようになっている。一九五二年には不法入国者の刑期は最大で二年間だったが、レーガン政権期の一九八六年に制定された法律ではその上限が二〇年とされた。また、クリントン政権期には、反テロ・効果的死刑法（AEDPA）とIIRIRAが制定されて、不法移民の拘留を原則化したり、攻撃的犯罪とされる罪状の範囲を拡大したりした。

AEDPAとIIRIRAは移民法関連犯罪については司法審査と法的手続きを簡略化することを定めている。伝統的には、移民法違反は刑事法ではなく行政法上の対応を基本とすると考えられていた。だが、連邦議会は、一九九〇年代以降、刑法犯罪と移民法執行を関連付けるような財政措置を積極的にとり、刑事法に基づいて刑罰を科すことを重視するようになっている。

不法移民への対応が最も必要なのは米墨国境付近だが、その問題への対応としては、第二章で説明したように、一九九四年にカリフォルニア州サンディエゴでゲートキーパー作戦が採用された。この作戦では、抑止力強化による密入国防止が基本方針とされ、国境警備が軍事化された。そして、二〇〇一年の九・一一テロ事件以後その傾向が顕著となり、二〇〇五年にストリームライン作戦が導入された。それ以前は不法入国者に対しては「キャッチ・アンド・リリース」、すなわち、いったん不法移民を捕まえて、ただちに追い返すのが基本方針だった。だが、ストリームライン作戦以後は、「キャッチ・アンド・キープ」、すなわち、捕まえて収監することを基本とし、迅速かつ不寛容な取締りがなされるようになっている。その結果、移民法違反で連邦刑務所に送還された人数は、二〇〇〇年の六五〇〇人から二〇一〇年の二万人へと激増しているのである。

†不法移民取締りと地方政府

このように移民法違反に関する訴追が増加している結果、裁判所業務は過密になっており、時には八〇人から一〇〇人に及ぶ人々の処遇を一括して判断することすらある。アメリカでは、政府が人々の権利を専制的に蹂躙することを制度的に防止するために、一般刑法犯の被告については、違法収集証拠排除原則や陪審裁判を受ける権利、公選弁護を受ける権利などが合衆国憲法の修正条項で認められている。しかし、移民法違反の廉で訴追された人々については、それらの原則は適用されず、適正な法手続きを受けることができるとは限らない。

移民に対する訴追の増大は、国境警備の場でのみ起こっているのではなく、不法移民人口が多い地域でも同様に発生している。伝統的に移民の法的地位に関する取締りは連邦政府の専権事項とされていたが、IIRIRAは州と地方の法執行機関に連邦の移民法の代理執行を一部認めた。また、二〇〇八年に導入された安全コミュニティ・プログラムでは、警察や刑務所などの機関が国土安全保障省が管理している指紋などのデータベースにアクセスする権限を与えられることになった。

このような権限を活用し、テキサス州やアリゾナ州など、メキシコと国境を接する保守的な州や地方政府の法執行機関は、不法移民の取締りを積極的に実施するようになった。不法移民がテロや犯罪をもたらすと、一部の政治家やメディアがそれらの州内で繰り返し主張していたことがその背景にある。アメリカでは分権的な政策決定と執行がなされるため、地方政府が連邦政府の方針に消極的な態度を示すことはある。犯罪政策の領域でもマリファナなどの麻薬の取締りについては、強硬な態度をとる連邦政府の方針に対し、地方政府が消極的な立場をとることも多い。だが、移民法の執行については、地方政府が非常に積極的な取り組みを見せているのが興味深い現象だと言えるだろう。

†弊害

不法移民取締りを積極的に行うようになった結果、警察人員も予算もある程度拡充されているが、その拡充には限度がある。また、不法移民人口の多い地域では、不法移民取締りは警察にとって比較的容易に点数を稼ぐことのできる分野である。そのため、不法移民取締りに多くの人員と予算が割かれた結果、一般的な犯罪の取締りのための人員と予算が手薄になるという逆説的な現象が発生している。

また、中南米系コミュニティの中に不法移民が紛れている可能性が高いこともあって、得点を稼ぎたい警察官は、中南米系に対する取締りを強化するようになった。だが、それは中南米系にとっては、人種的プロファイリングと映った。人種的プロファイリングが行われれば、そのコミュニティ内で犯罪が発見される可能性が高まるため、その集団の外形的な犯罪率が増大することになる。それは、その地域に警察力がさらに集中的に投下されることを正当化する根拠となる。人種的プロファイリングは、一種の医原病の要素を持っていると言える。

人種的プロファイリングに対する反発に加えて、先ほど述べたように、不法移民の取締りに際しては通常の犯罪取締りの際にはとることのできないような強硬な取締り方法をとることができる。そのため、中南米系コミュニティの人々が法執行機関に対する不信感を増大させる事態が発生した。

中南米系コミュニティには、麻薬等を扱うメキシコ系ギャングが忍び込んでいる場合もあり、法執行機関に対して中南米系コミュニティから行われる情報提供は取締りを行う上で有益だった。だが、法執行機関に対する信頼感が低下した結果、中南米系の人々は法執行機関と関わりを持つのを避けるようになり、情報提供も行わなくなった。これは、地域の安全を損なう結果を招いていると言わざるを得ないだろう。

移民法関連の廉で刑務所に収監される人が増えたため、刑務所も人口過密となった。アメリカでは民間刑務所が数多く存在しているが、移民法関連の収監に特化した民間刑務所も登場している。そのような民間刑務所が、移民犯罪の取締りを積極的に実施するよう、政府に働きかける現象も見られるようになっている。

オバマ政権は、移民法執行に地方の法執行機関が関与する度合いを限定的にすると宣言したり、軽微な交通違反で退去処分を施すのをやめると宣言したりしている。だが、その実態は大きく変わっているわけではない。

†反移民感情がもたらすジレンマ

以上の分析から明らかになったのは、移民問題とは本来独立した性格を持つ争点にも、移民に対するイメージがしばしば影響を及ぼしていることである。

一九八〇年代以降、社会福祉政策や犯罪政策は人種問題と関連付けて議論され、人種的要素が政策決定者の判断に大きな影響を及ぼしたことが明らかにされている。人口において中南米系が黒人を上回った今日では、移民に対するイメージが政策過程に同様の影響を及ぼすようになっていると指摘されている。本来ならば、中南米系の人々と移民、不法移民は異なるカテゴリーに分類されるべき存在であるが、第二章で説明したように、世論調査の結果を見れば、中南米系、移民、さらには不法移民は全て同一のものとして認識されている。

もし多くのアメリカ人が、移民や不法移民が十分な税を払っていないにもかかわらず、様々な社会サービスを利用していると考えるならば、各種サービスの執行に歯止めをかけようとするだろう。また、移民が犯罪率を上昇させていると考えるならば、他の分野に優先してでも移民への取締りを厳格に実施しようとするだろう。

これは一面では、移民のアメリカ社会への統合を妨げていると言える。教育のところで説明した通り、今日の中南米系移民の中に出身国への帰国を念頭に置いて英語を学ばず、アメリカ的な価値観を身に着けようとしない人が増えていることは、彼らの社会統合を困難にしている。だが、そもそも移民が経済、社会的地位を向上させる機会をアメリカで見つけることができなくなったり、絶えず人種的プロファイリングの危険に直面したりするような状況では、彼らがアメリカ社会への定着に魅力を感じることができず、出身国への帰国の希望を持ち続けるのもやむを得ないと言えるだろう。

それに加えて注意すべきなのは、今日のアメリカでは、社会福祉などの中核的サービスが移民に対するイメージの結果として掘り崩されていること、また、犯罪取締りに関する人員も、移民に関連する分野に多く割り当てられるようになっていることである。しかし、本章で指摘したように、実際には、これらのイメージは根拠がない、あるいは根拠薄弱である。

このように、今日のアメリカでは、移民に対する偏見の結果として重要な社会サービスが縮小されたり、貴重な資源が重要性の低い分野に投入されたりしている。その結果、様々な社会問題が悪化している現状は悲劇的だと言えよう。

第四章

エスニック・ロビイング

従軍慰安婦決議案の審議を傍聴するホンダ議員（中央）。2007年6月26日、米下院外交委員会で（共同通信社）

1　象徴的な事例──なぜ慰安婦決議はなされるのか

エスニック集団が政治に及ぼす影響といった際、日本の読者が真っ先に思い浮かべるのは、ひょっとするとエスニック・ロビイングかもしれない。ユダヤ系ロビーがアメリカの中東政策に大きな影響を及ぼしているのはよく知られた話であるし、近年では、中国系とコリア系が活発に働きかけた結果、二〇〇七年に連邦議会下院で従軍慰安婦問題の対日謝罪要求決議が採択されたり、二〇一三年にはカリフォルニア州のグレンデール市で慰安婦像設置が決定されたりしたと言われている。

移民やエスニック集団が、ロビイングを通して政治を動かそうと活発に行動しているのは紛れもない事実である。だが、エスニック・ロビイングは複雑で、なかなか理解しにくいところがある。そこで、エスニック・ロビイングについて考えるために、まずは、トルコによるアルメニア系民族虐殺をめぐる問題と、従軍慰安婦問題という、二つの象徴的な事例を紹介することにしたい。

†トルコによるアルメニア系民族虐殺をめぐる問題

二〇〇七年一〇月、連邦議会下院の外交委員会で、一九世紀末から二〇世紀初頭に起きたトルコ（旧オスマン帝国）によるアルメニア人虐殺を公式にジェノサイドと呼び、その事実を時のジョージ・W・ブッシュ大統領に認めさせるよう求める決議が採択された。決議の主導者は、カリフォルニア州選出の民主党の下院議員、アダム・シフである。

一九四八年に採択された、国連のジェノサイド条約によれば、ジェノサイドという言葉は、国民的、民族的、人種的、宗教的な集団の全部または一部を破壊する意図を持って行われる行為を指す。一般的には、民族浄化、あるいは異民族、異文化、異宗教に対する強制的な同化政策による文化抹消、国家が望ましくないと見なした集団に対する断種の強要や隔離行為など、特定の集団の抹消行為を指すものと考えられている。多くの人が殺害された場合、それをジェノサイドと呼ぶか否かで、象徴的な意味合いが全く異なるのは言うまでもない。

この問題に対するトルコ政府の立場は、当時、数万人のアルメニア人が殺害されたのは事実だが、それはオスマン帝国の崩壊とトルコ共和国の成立の間に発生した、戦闘、飢餓、離散などの様々な要因によって引き起こされたものであり、政府の組織的な意図で行われたジェノサイドではないというものである。このような認識に基づき、下院外交委員会での決議後、トルコ政府は駐米大使を本国に召還してしまった。

下院外交委員会での決議は、拘束性がない象徴的な決議に過ぎず、下院本会議では投票に付されていない。とはいえ、二〇〇七年は、イラク戦争でのオペレーションでトルコの基地使用が重要な意味を持っていた時である。このような重要な時期に、一〇〇年も前にアメリカ国外で起こった出来事についてこのような決議が行われたことは、アメリカの外交専門家に衝撃を与えた。また、二〇一〇年三月には、一九一五年のトルコによるアルメニア人虐殺を非難する決議が下院外交委員会を二三対二二で通過している。

†アルメニア系と選挙区事情

アルメニア系民族虐殺問題は、歴史学的には重要な問題であるものの、今日その問題を争点化し、重要な基地を提供している国に対する非難決議を行うことがアメリカの国益に資するとは考えにくい。にもかかわらず、このような決議が行われた背景には、重要議員の選挙区事情がある。

二〇〇〇年の人口統計調査によれば、全米で三八万人ほどのアルメニア系アメリカ人が居住している。二〇一一年度のアメリカ地域社会調査によれば四八万三三六六人である。

アルメニア系はカリフォルニア州に多く居住しており、中でも、慰安婦像の問題でも注目を集めたグレンデール市では、人口の二九%が自宅でアルメニア語を話しているとされている。全米にいる裕福なアルメニア系アメリカ人は、この件に関して長期間のロビー活動を行ってきている。この決議についても、全米アルメニア委員会という団体が強く推進してきた。

決議の提案者であるシフ下院議員は、二〇〇一年以降、カリフォルニア二九区というグレンデール市内の選挙区から選出されている。シフは全米アルメニア委員会の強い意向を受けて、当該法案を下院の外交委員会に提出したのだった。

なお、当時連邦議会の下院議長を務めていたナンシー・ペロシも、カリフォルニア州選出の下院議員である。ペロシは、中国の天安門事件後に、民主化運動に参加したアメリカへの留学生が中国に帰還すると危険が及ぶ可能性があることから、彼らへの滞在延長を認める法案を起草、可決したことで脚光をあびた人権派議員である。先ほど述べたように、トルコ非難決議は本会議に上げられることはなかった。だが、当時、ペロシが選挙区事情や人権に関する自らの信念をトルコに対する外交的配慮よりも優先して、下院本会議でも同様の決議を行うのではないかと、強く懸念されていたのだった。

†連邦議会下院での慰安婦決議

慰安婦問題については、アジア系、特に中国系とコリア系のエスニック集団が活発に争点化していることは知られているだろう。

二〇〇七年六月に、連邦議会下院外交委員会で、従軍慰安婦問題についての対日謝罪要求決議が三九対二で採択された。同決議は、七月に連邦議会下院の本会議でも採択された。本会議採決の段階で共同提案者は、民主、共和の両党にわたり、一六七人にのぼっている。下院本会議では、議事進行の簡潔化を目的として、議論を四〇分以下に制限するサスペンション・オブ・ザ・ルールが適用され、議場にいた一〇名の議員に反対意見がないことを確認した上で、満場一致で採択された。この決議に際しては、人権問題を重視するペロシ下院議長のイニシアティヴの下、中国におけるウイグル人の人権問題、ベラルーシの人権問題に関する決議も同時になされた。

アメリカの連邦議会では、しばしば委員会中心主義と称されるように、委員会で決定されたことがそのまま採択されるのが通例であり、一部の重要法案を除いては本会議で時間をかけて審議されることはない。また、議員も法案の提案者になった数が多ければ立法活動を熱心に行っていると有権者にアピールする上で有利なので、多くの議員が、あまり関心のない法案の場合でも名前を貸してお互いに共同提案者になりあうのが一般的慣行である。サスペンション・オブ・ザ・ルールが適用されたこと、連邦下院議員四三五名のうち一〇名しか議場にこなかったことは、この問題が連邦議会で重要問題と認識されていなかったことを示している。

この決議は拘束性がなく、上院に送られることもないため、実質的な意味を必ずしも持たない。しかし、このような決議には象徴的な意味があり、世論や有権者に、結果的に影響を及ぼす可能性もある。

この決議の直接の請願者はマイアミで慰安婦救済活動に取り組んでいる人物だったが、実質的役割を担ったのは、日系アメリカ人でカリフォルニア州一五区選出の連邦下院議員のマイク・ホンダらである。カリフォルニア州に、中国系やコリア系などのアジア系が多く居住していることは言うまでもない。また、ホンダ議員の選挙資金については、中国系やコリア系のロビー団体からの献金も多いと指摘されている（ただし、公表されているホンダへの献金額の個々のランクでは、アジア系とは関係のない労働組合、業界団体が上位を占めている）。

なお、同法案とほぼ同時期に、下院では、日米同盟の重要性やテロとの戦いへの日本の貢献を評価する決議も可決され、ホンダはそちらにも賛成している。

†慰安婦決議から得られる教訓

現在のアメリカの国益と直結するわけではなく、特定のエスニック集団のみが重視していると言えなくもない問題を議会で取り上げてもらうのは容易でない。慰安婦決議が採択された大きな理由は、提唱者がこの問題を、人権や女性の権利、平和など、アメリカ社会で支持されている普遍的な言葉を用いて表現したことに求められる。

慰安婦決議を議会に上程する上で、アメリカ的信条を構成する普遍的価値観に訴えかけることは、戦略的に重要な意味を持っていた。後に述べるように、アメリカでは、対外政策決定過程に一般国民の意思を反映させるのは当然との認識が、歴史的に強いからである。また、この決議案が、アメリカ市民からの超党派的要請として出されたことも、同様に重要な意味を持っていた。コリア系アメリカ人有権者評議会は、様々な教会やアムネスティ・インターナショナルなどのNGOとも協力して、積極的に活動した。アメリカのみならず、近年では国際政治の倫理化が進展しており、人権問題はとりわけ重要な問題と位置づけられることが多い。

人権問題を重視するペロシ議長の下、ウイグルやベラルーシの人権問題とリンクさせて、特定のエスニック集団を超えた普遍的な価値をめぐる問題として提起したことは、決議を採択する上で大きな意味を持ったのである。

一方、この問題について日本の安倍晋三首相は、二〇〇七年三月に、「従軍慰安婦の連行の強制性を示す客観的な証拠はなかった」、「広い意味での強制性はあったとしても、狭い意味での強制性はなかった」という主旨の国会答弁をした。また、日本の保守的論壇五人からなる「歴史事実委員会」は六月に、『ワシントンポスト』に「事実」と題する意見広告を掲載し、「慰安婦強制連行の証拠はない」という主張を展開した。

これらの発言や広告がなされた背景に、アメリカで広まっている慰安婦問題についての理解が適切でなく、その誤解を解きたいという意図があったと言われている。その活動は、真摯な意図に基づいていたのだろう。だが、人権などの倫理的価値をめぐる問題が争点になっている際には、世論の関心が学術的厳密性や真実性の追求に向けられることは稀である。首相の発言や意見広告は、アメリカ国内では、日本が人権問題に対して不誠実な態度をとっている証拠と見なされて反発を招き、日本を批判する人々に勢いを与える結果となった。

†慰安婦像の設置

慰安婦問題については、連邦議会だけではなく、様々な地方でも争点化される傾向があった。中でも、カリフォルニア州のグレンデール市で様々な動きがあったことは、日本でも知られているだろう。

先にアルメニア系の問題との関係でも紹介したグレンデール市は、二〇一〇年には一九万の人口を擁しており、アジア系住民は一六%程度で三万人、このうちコリア系が一万人を占めている。同市は、二〇一二年に毎年七月三〇日を「韓国慰安婦の日」に制定するとともに、二〇一三年四月に市内に慰安婦像を設置することを議会で決定した。グレンデール市の慰安婦像は、ソウルの日本大使館前に設置している少女像のレプリカで、韓国国外での設置は初めてである。約三万ドルとされる費用は、コリア系住民団体が負担するものとされ、この議決はコリア系コミュニティに対する「静かな善意」として採択された。

グレンデール市議会は五名の議員からなり、市長はその中から選出されることになっている。慰安婦像設置をめぐって行われた公聴会では、人口の〇・四%を占めるに過ぎない日系住民が、コリア系を上回り一〇〇人以上参加して反対の意を表したものの、同決議に反対したのはウィーバー市長のみで、四人が賛成に回った。

グレンデール市のコリア系住民は、市の人口の五・四%を占めるに過ぎない。にもかかわらず、このような決議が採択された背景には、コリア系とアルメニア系が戦略的な協力関係を結んでいたことがある。

人口統計調査によると、グレンデールには二〇〇〇年には五万三〇〇〇人、二〇一〇年には七万人のアルメニア系住民が住んでいる。これは、グレンデール市の総人口の二八％弱に及んでおり、アルメニア系は市政に強い影響力を持っている。コリア系活動家は、日本が数十万人の性的奴隷の存在を認めないことは、アルメニア人虐殺と同様の重要な倫理的問題だと主張し、アルメニア系活動家との協力関係を築いたのだった。

なお、アルメニア系も戦略的な観点からコリア系と協力しているのは明らかである。なぜなら、アルメニア系は、「日本はトルコより前向きに対応している」との立場をしばしば示しており、トルコに対する牽制を目的としてこのような協力関係を構築したと考えられるからである。

以上の事例から、エスニック・ロビイングを展開する際には、他のエスニック集団との協力関係を結ぶことや、人権などの普遍的価値に対する訴えかけが重要な意味を持つことが理解できるだろう。

2　アメリカのエスニック・ロビイングの特徴

†アメリカ政治と利益集団政治

アメリカで、エスニック・ロビイングが積極的になされていることは、アメリカ政治の興味深い特徴を反映している。

まずは、アメリカ国民の政治参加の度合いが高いことが指摘できる。政治参加と言えば選挙の際の投票を思い浮かべる人が多いかもしれないが、利益集団や社会運動を組織し、それに積極的に関与することも重要な政治参加の形態である。

選挙はしばしば最も重要な政治参加の形態だと言われるが、実際には数年に一度しか実施されないし、選挙結果が政治家にもたらす情報も限定的である。例えば、ある候補に投票した場合でも、その投票は候補のどの政策に対する支持の結果なのか、あるいは、他の候補に対する批判票に過ぎないのかなどは、選挙結果からは判断できない。

それに対し、利益集団政治は日常的に展開できるし、政治家にもたらされる情報も明確なので、政治過程に実質的な影響を及ぼしたいと考える人々は、利益集団を作って政治に関与する。アメリカで利益集団政治が活発なのは、言論の自由、結社の自由が保障されていて自発的結社の伝統が強いことの帰結でもある。多民族国家であるアメリカで、エスニック集団を基盤とした利益集団が形成されるのは不思議ではない。

また、アメリカの政治システムの開放性が高く、多元的であることも、エスニック・ロビイングの実施を容易にしている。アメリカでは、様々な利益集団が公聴会などを通して政策形成過程に意見を表明する機会が多く保障されている。政策を実施する大統領や官僚のみならず、政策を立案する連邦議会に働きかけることも可能であるし、訴訟を提起したり法廷意見書を提出するなどして裁判所に働きかけることも可能である。利益集団は、連邦政府だけでなく、州政府、地方政府にも積極的に働きかけている。利益集団は、多様なチャネルを通して、政策過程に影響を及ぼすことができる。これは、政権与党と官僚に権力が集中し、地方政府に対する中央政府の統制が強い日本とは対照的である。

アメリカでは選挙を戦うために多額の費用が必要であり、選挙に関する寄付について規制が弱いことも、利益集団が政治過程に影響を及ぼすのを容易にしている。アメリカでは、選挙の際の寄付も政治的意思表明、表現の自由の一種として擁護されている。利益集団の中でも、資金力に秀でているものは、とりわけ多くの影響力を行使することができる。

このように、流動的で開放的な政治空間で、様々な政治主体が、政治的、経済的影響を与えることを目指して政策過程に関与している。アメリカ合衆国の首都であるワシントンのみならず、様々な都市においても多様な利益集団が存在するため、それらの間に、一見奇妙に見える、非公式の結びつきが生じることもある。グレンデール市でアルメニア系とコリア系の利益集団が結びついて活動したことは、この例だと言えよう。

†アメリカ外交の民主的性格

エスニック・ロビイングは、アメリカ外交の興味深い特徴とも関連している。伝統的な考え方では、外交とは抽象的な国益の実現を目指して行政府が主導するものとされている。このような考え方は、圧倒的な権力を持つ君主が常備軍と官僚を用いて一元的な外交を行ってきたヨーロッパにおいて、とりわけ当てはまる。しかし、そのような権力者の登場を防止することを目指し、常備軍と官僚制を否定してきたアメリカでは、外交に専従する君主や貴族が存在せず、エリートが外交を独占するのは不可能だった。アメリカで外交政策を扱う諸機関が今日のような形で発展を遂げたのは第二次世界大戦の頃からである。

合衆国憲法の規定を見ても、対外政策に関する大統領の権限は、内政に関する権限と同様に大きく制限されており、連邦議会が大きな役割を果たすことが期待されている。また、一九世紀以後に民主主義が統治原理として正統性を獲得する中で、対外政策形成過程に一般国民の意思を反映させるのは当然との認識が強まっていき、対外政策も国内政治の延長としての性格を強めていくことになった。その結果、連邦議会では、国内要因のみに目が向いた、民主主義原理に基づく単純な決定がしばしばなされるようになった。ロビー団体は早い時期から連邦議会や国内官僚機構に対して影響を与える方法を独自に進化させてきた。アメリカは多民族国家であるがゆえに、国内の選挙区の事情に基づいた決定が、時に政府の外交戦略とかけ離れた影響を与えることがある。国益よりも選挙区の事情に基づく政策決定がしばしばなされることは、先のアルメニア系民族の虐殺に関する決定を見れば明らかだろう。かつて下院議長を務めたティップ・オニールは、「全ての政治は地方政治である」と喝破したが、これは現在の外交政策にも当てはまるのである。

†留意事項

移民やエスニック集団という言葉は多様な意味を込めて用いられることがあるため、注意が必要である。この点は、エスニック・ロビイングについて検討する際には、とりわけ困難な問題を提起する。エスニック・ロビイングには、アメリカに移民してきたばかりでまだアメリカ国籍を獲得していない人や、移民すらしていない外国人の活動も含まれる可能性があるからである。

本章の冒頭で、慰安婦問題をめぐってコリア系ロビーが積極的に活動していることを紹介したが、韓国に拠点を置くNGOが、コリア系アメリカ人の活動に大きな影響を及ぼしているのは周知の事実である。また、近年、ワシントンで大きな影響力を行使するようになっている中国系ロビーに関しても、中国政府が積極的に関与している。エスニック集団のみならず、外国の政府や機関が、民族・人種的特徴を共有していない職業ロビイストやPR会社を活用してロビー活動を展開する場合もある。

このように、エスニック・ロビイングは、単なる国内政治の問題というよりは、しばしばトランスナショナル・ポリティクスの様相を呈することがある。これは、移民が出身国とアメリカのいずれに忠誠を示すのかという問題とも関連し、困難な問題を突きつけている。

アメリカ国内に存在するエスニック集団の利益と出身国政府の利益が一致する場合もあれば、両者の利益が異なる場合もある。アメリカ国内のエスニック集団が自らの利益関心に基づいて行うロビイングと、外国政府がアメリカ国内のエスニック集団に行わせるロビイングは、本来区別されるべきであろう。しかし、エスニック・ロビイングについては十分な量の先行研究がなされているわけではなく、その実態も広く知られているわけではない。以下の議論では、両者の違いには最大限留意して議論を展開するものの、それには限界があることをあらかじめお詫びしておきたい。

3　ユダヤ系――最強のエスニック・ロビー

†ユダヤ系ロビー？　イスラエル・ロビー？

エスニック・ロビーの中で最もその影響力の強さが知られているのは、ユダヤ系によるものだろう。ユダヤ系ロビーはあらゆるロビー集団の中でも最も効果的な活動をしているものの一つなので、エスニック・ロビーの効果について考えるためにも、やや詳細に紹介することにしたい。ユダヤ系によるロビイングについては、ジョン・J・ミアシャイマーとスティーヴン・M・ウォルトという、著名な政治学者による研究が、世界的に注目を集めている。

今日、イスラエルは世界の中で最も裕福な国の一つであり、アメリカによる財政支援が必要な貧困国とは言い難い。にもかかわらず、過去四〇年来、アメリカはイスラエルに対して高水準の物質的援助と外交的支援を与えてきた。このような対イスラエル政策に対し、アメリカ国民の多くは批判的である。

にもかかわらず、アメリカの有力政治家はイスラエルに対する全面支援をしばしば公言し、このような政策を継続している。これは、イスラエルを支援するロビイングの影響力の強さゆえであるが、ミアシャイマーとウォルトによれば、このような政策はアメリカの国益を損なっている。例えば、アメリカとイスラエルの間に緊密な関係が存在することによって、アメリカが重要な同盟国を支持するのが困難になり、アラブ・イスラム世界に反米主義が拡大しているというのである。

対イスラエル政策をめぐるロビー活動は、エスニック・ロビイングという表現を用いることに伴う困難を示している。対イスラエル政策はユダヤ系によるエスニック・ロビイングの成果だとしばしば言われているものの、ユダヤ系アメリカ人のおよそ三分の一は、対イスラエル政策を最重要課題と考えていないからである。また、いわゆるユダヤ系ロビーの主要団体はイラク戦争を強固に支持したが、世論調査の結果を見ると、ユダヤ系アメリカ人は全体として見れば、アメリカ国民全体と比べても戦争に消極的だった。さらには、イスラエルのために強い主張をしている有力者の中には、キリスト教シオニストのような、ユダヤ系以外の人も含まれている。

エスニック・ロビイングについては、そのロビー団体が求める政策がエスニック集団の一般的な利益関心と一致しているとは限らないこと、異なるエスニック集団に属する人々が大きな影響力を行使している可能性があることが、この事例から見て取れる。実際、ここで取り上げているロビーは、専らイスラエルに対する関心に基づいて活動しており、アメリカ国内に存在するユダヤ系の人々の利益関心の実現に向けての活動は行っていない。

それゆえ、ミアシャイマーとウォルトは、ユダヤ系ロビーという表現ではなくイスラエル・ロビーという表現を用いている。しかし、利益集団と一般構成員の利益関心のずれや、メンバーシップに伴う問題は、対イスラエル政策に関するロビーのみならず幅広く見られる問題であることから、本書はユダヤ系ロビーという表現を用いることにしたい。

†AIPACと全米主要ユダヤ人団体代表者会議

イスラエルに利益を与えることを目的として活動する利益集団は多数存在するが、中でも大きな影響力を行使しているのが、米国イスラエル公共問題委員会（AIPAC）である。AIPACは、一九九七年の『フォーチュン』誌、二〇〇五年の『ナショナル・ジャーナル』誌によるロビー・ランキングで、ともに全米退職者協会に次ぐ第二位に位置づけられている。

AIPACは全米トップ二五のロビー団体の中で外交政策に働きかけを行う唯一のロビーであり、一九八〇年代までにはワシントンの最有力集団の一つとなった。基金一億四〇〇〇万ドルと年間支出六〇〇〇万ドル、三〇〇人の専従職員と公称一〇万人（実態は六万五〇〇〇人）の会員活動家を擁し、「イスラエルの安全を保障するのがアメリカの国益に適う」との広報・宣伝活動をするとともに、米・イスラエルの友好関係を保つのに必要な法律を制定するよう連邦議会に働きかけている。

AIPACが連邦議会への働きかけを専門とするのに対し、ホワイトハウスと国務省への働きかけに特化しているのが、全米主要ユダヤ人団体代表者会議（CPMAJO）である。AIPACとCPMAJOは別個のロビー団体ではあるものの、次に述べるように、両者の主張と行動には共通した特徴がある。

†凝集性の高さ

他のエスニック・ロビーと比べて、ユダヤ系ロビーはその影響力の強さが際立っている。ユダヤ系ロビーの強さには様々な理由があるが、その一つは団体の凝集性の高さである。いうまでもなく、ユダヤ系アメリカ人は様々な利益関心を持つ多様な人々の集団であり、諸々の争点についての見解も多様である。しかし、ユダヤ系ロビーが政府に働きかける際には、その意見の多様性を表面化させてはならないというコンセンサスが主流派団体の中にある。

AIPACもCPMAJOも、親イスラエルの立場でまとまることができるような仕組みを整えている。

AIPACは、会の方針を理事会で決定することにしているが、理事会への参加資格は寄付の額に応じて決められることになっている。イスラエルに批判的な立場をとる人が多額の寄付を行う可能性もゼロではないが、現実的には、AIPACやAIPACに共鳴する政治家への多額の寄付を厭わない人物は、熱心なイスラエル擁護者である。その結果、AIPACはイスラエル擁護の立場を鮮明にすることができる。

CPMAJOは五〇以上の団体から構成されている。その方針は基本的には投票によって決定されるが、CPMAJOを構成する団体にはその規模によらず一票が与えられている。CPMAJOを構成する団体の中には、イスラエルに対して批判的で、構成員も多いリベラルな団体も存在している。しかし、イスラエル擁護の立場に立つ保守派団体は、比較的小規模ながらも数がリベラル派団体に比べて圧倒的に多いため、大きな影響力を持つようになっている。

これらの結果、AIPACやCPMAJOは、親イスラエルの立場で組織をまとめることができるのである。

†選挙の際の活動

ユダヤ系ロビーは、選挙の際に圧倒的な強さを発揮し、親イスラエルの立場をとる政治家の再選と、反イスラエルの立場をとる政治家の落選に寄与している。以下では、資金集めと分配、そして、選挙時の動員の二つに分けて、その強さの理由を説明する。

第一に、近年のアメリカでは選挙資金が膨大になっているため、資金集めとその分配が重要になっている。ユダヤ系は相対的に裕福で、慈善事業の伝統を持つこともあり、豊富な資金を政党や団体に提供する伝統がある。ハリウッドの娯楽・メディア産業で活躍するユダヤ人富豪などから潤沢な献金がなされるのは、周知の事実だろう。『エコノミスト』誌の調査によると、一九九〇年から二〇〇四年にかけて、アラブ系やイスラム教徒が運営するPACが寄付した金額がおよそ八〇万ドルなのに対し、親イスラエル派諸団体の寄付金はおよそ五七〇〇万ドルに及んでいる。

ユダヤ系ロビーは、単に膨大な選挙資金を集めるだけでなく、候補者に分配する役割も果たしている。そして、そのための前提として、議員や候補がユダヤ系ロビーの重視する争点についてどのような態度をとっているかの評価がなされている。イスラエルに対し友好的な態度をとる候補に対しては選挙資金を提供するが、非友好的と判断された候補には対立候補を送り、多額の資金を投じて非友好的候補を追い落とそうとするのである。

有名なところでは、チャールズ・パーシーという上院議員がイスラエルに対して好ましくない態度をとっているとして、一九八四年の選挙で落選させられたことがある。パーシーは一九六七年からイリノイ州選出の上院議員を務め、一九八一年からは外交委員長を務めていた大物である。このような大物が落選に追い込まれた事実は、多くの政治家に、イスラエルに対し敵対的な態度をとることは致命的な結果につながる危険があるとの認識を抱かせたのである。

第二に、選挙時における動員について紹介したい。

アメリカでは大統領選挙の帰趨を決する、戦略的に重要な州がいくつか存在する。ユダヤ系は、カリフォルニア州、フロリダ州、イリノイ州、ニュージャージー州、ニューヨーク州、ペンシルヴェニア州など、大統領選挙の行方を左右する重要な接戦州に集中して居住している。ユダヤ系の投票率は、一般有権者の二倍にのぼると言われている。高い投票率を誇るユダヤ系の投票行動が、これらの州での候補の勝敗を左右することも多い。

ただし、ユダヤ系はアメリカ総人口の三%弱、右派系ユダヤ人の数はその五分の一程度に過ぎない。そのため、いかに選挙の投票率が低い場合でも、ユダヤ系だけでは選挙区の多数を占めることができないことが多い。そこで、政治的指向を共有する、キリスト教右派の集団と効果的な同盟関係を結んでいるのが、大きな特徴である。

キリスト教右派の団体としては、ジェリー・フォルウェルが創設したモラル・マジョリティやパット・ロバートソンが創設したキリスト教徒連合の名を聞いたことがある人もいるだろう。キリスト教右派は、全米人口の一四〜一八％を占めるとされ、多くの信徒を動員する力を持つ。キリスト教右派は聖書の言葉を一言一句文字通り解釈するのが特徴である。イスラエルとの関連で言えば、千年王国が到来する前にキリストが再臨する、その前段階としてユダヤ人がパレスチナに帰還することが重要だというのが、彼らの聖書解釈である。

もっとも、キリスト教シオニストは長期的にはユダヤ系をキリスト教に改宗させることを目指しているため、ユダヤ系ロビーの構成員の中で彼らとの同盟を好ましく思っていない人も存在する。だが、ユダヤ系以外の人がイスラエル支援の立場を表明することがそもそも稀であり、キリスト教右派の協力がユダヤ系にとって、少なくとも短期的には重要な意味を持つのは間違いない。

†政策過程への影響

ユダヤ系ロビーは、政策過程にも様々な影響を及ぼしている。注目に値する点を、三つ紹介したい。

第一に、ユダヤ系やキリスト教右派の政治家を積極的に活用している。ユダヤ系議員は民主党に多く、カリフォルニア州選出議員が最も多い。ユダヤ系は二〇〇九年の時点で連邦上院議員の一三％（二〇〇九年）を占めており、大きな政治力を持っている。

ユダヤ系議員に特徴的なのは、外交に積極的な人物が多いことである。アメリカの政策形成は、連邦議会の委員会でなされることが多く、連邦議会議員は複数の委員会に所属している。多くの議員は選挙における再選に役立つ委員会に所属したいと考えるので、農村地帯を選挙区とする議員は農業関係、自動車産業が活発な選挙区から選出される議員は運輸関係など、選挙区の産業に密接に関わる分野の委員会への配属を希望するのが一般的である。

一方、外交交渉の結果得られる平和などの価値は、抽象的には重要な意味を持つものの、具体的な恩恵を直接的に有権者にもたらすわけではないため、外交は有権者を動員する上で都合のよい政策とは言えない。したがって、外交委員会への所属を希望するのは、いずれ大統領選挙に立候補することを想定している議員など、一部に限られる。このような状況の中で、ユダヤ系は外交委員会への所属を希望する人が多いため、外交委員会に占めるユダヤ系の比率は高くなり、彼らが外交政策に及ぼす影響は大きくなるのである。

第二に、専門知識に基づいて情報を提供する能力の高さが、ユダヤ系にとっての武器となっている。

ユダヤ系は教育水準の高い人が多いが、AIPACなどで活動する職員の多くは大学院に進学するなどして高度な専門知識を有している場合が多い。彼らは各種大学やシンクタンクとも結びつきを強めている。連邦議会のスタッフや議員の政策秘書として政策過程に加わり、様々な法案の立案に協力して議員との信頼関係を築き上げる者も多い。

ロビー活動というと、献金などを通して政治家に圧力をかけることをイメージする人も多いかもしれない。だが、それと同程度に、おそらく実際にはそれ以上に、重要な意味を持つのが情報の提供である。

ロビイストは、彼らが重視する争点についての専門家であって、情報を集め、系統立てて、説得力あるやり方で説明する能力に長けている場合が多い。ロビイストのもたらす情報は、時に誇張を伴うことはあるかもしれないものの、基本的に正確である。誤った情報を伝えたり、情報を恣意的に操作したりするようなロビイストと、長期にわたって良好な関係を築こうとする政治家やスタッフはあまりいないだろう。むしろ、ロビイストは、自分たちの主張にとって都合の悪いことがあっても、その問題点を説明した上で、いかにそれを上回る利点があるかを、説得力のある方法で説明することがある。その説得の技法は、議会対策をしなければならない議員やスタッフにとって有益である。

ユダヤ系ロビーは、イスラエルに関する争点が浮上した場合も、自分たちの要求を一方的に伝えるのではなく、法案のセールスポイントなど様々な情報を提供し、議員の活動を手助けする。さらには、AIPACの姉妹組織である米国イスラエル教育基金は、中東問題に対する議員の認識を深めることを目的として議員のイスラエル視察旅行に資金を提供することもある（その結果、今日では、連邦議会議員の海外視察旅行の行き先の一〇％がイスラエルである）。行政部に関しても、ユダヤ系の人物やイスラエル・ロビーと関係の深いシンクタンクの研究者などが、閣僚を含む政府高官として多数政治任用されている。彼らのもたらす情報は、その目的を実現する上で強力な武器となっている。

第三に、ユダヤ系ロビーが政治家の発言や活動に対する評価を随時行っていることが、政治家の行動に大きな影響を及ぼしている。教育水準が高い専門スタッフが作業グループを作って個々の政治家の発言や活動を評価し、その評価を緊密に張り巡らしたネットワークを通して広めている。これは、次回の選挙における再選を目指す連邦議会議員にとっては脅威であり、議員は常にユダヤ系ロビーの意向に気を配りながら政策過程に関与することになる。

†世論への影響

ユダヤ系ロビーは、メディア、シンクタンク、学会や教育界に対して影響を及ぼし、世論形成にも影響を与えている。

親イスラエル派は親アラブ派と比べて活発にメディアの報道に関わっており、主要メディアでは親イスラエル派の主張が発表される頻度が圧倒的に高い。メディアは専門性の高いニュースの分析をシンクタンクの研究者に頼ることが多いが、ユダヤ系は多くの有力シンクタンクでその影響力を増大させている。AIPACの元会長であるラリー・ワインバーグらが作ったワシントン近東政策研究所にユダヤ系ロビーの意向が強く反映されているのは言うまでもないだろう。

その他にも、AEI、安全保障政策センター、外交政策研究所、ヘリテージ財団、ハドソン研究所、外交政策分析研究所、ブルッキングズ研究所などに人材や研究費を提供して、ユダヤ系ロビーは親イスラエルの研究拠点を築いてきた。

二一世紀に入って以降、ユダヤ系ロビーは、研究・教育界においても様々な活動を行うようになった。例えば、様々な学生がイスラエル擁護活動を行うための教育、訓練プログラムを立ち上げるのに積極的に協力してきた。また、AIPACは一九八〇年代から反イスラエル的と考えられる大学教授の名前を掲載したガイドブックを作成していたが、二〇〇二年には反イスラエルとの疑いを持たれた学者の個人情報を掲載するキャンパス・ウォッチというウェブサイトが立ち上げられた。彼らは連邦議会に対し、反イスラエル的発言をする研究者を擁する研究施設に対する資金援助を削減するよう働きかけている。

その一方で、ユダヤ系ロビーは、慈善事業家が全国の大学にイスラエル研究プログラムを創設できるよう資金を提供し、イスラエルに友好的な大学教授の数を増やそうとしている。ユダヤ系ロビーの活動に反対の立場をとる人々に対して「反ユダヤ主義」というレッテルを張って批判することも多いが、その戦術は非常に効果的なものである。

†対抗組織の弱さ

最後に、ユダヤ系ロビーに対抗する立場に立つ、アラブ系ロビーが相対的に弱いことも指摘しておきたい。

アラブ系と言えば、石油ロビーの影響力がしばしば指摘されるが、その評価は過大である。そもそも、エネルギー企業とアラブ系アメリカ人の利益関心が一致しているわけではないし、エネルギー企業も石油価格には関心があるが外交問題に対する関心は二義的である。

今日のアメリカには六〇〇万人（そのうち五四〇万人が市民）のイスラム教徒が暮らしており、他にキリスト教徒のアラブ系が二〇〇万人ほどいると言われている。しかし、その実数は推定が困難である。また、その大半は裕福ではない。アラブ系は組織化されてもいない。アラブ系は様々な国や境遇からやって来た多様な人々であり、イスラム教徒内部でもスンニ派とシーア派で対立が存在している。そもそも、イスラム教徒だけでなくキリスト教徒も多いので、中東政策について一致した見解を持つことは少ない。

仮に、イスラエルに敵対的な見解を強く持つアラブ系の人であっても、彼らが積極的に政治活動をするのには大きな危険が伴う。特に九・一一テロ事件以降は、ヘイトクライムの危険を恐れて人口統計調査などでも自らを白人とのみ回答する人が大半であり、アラブ系としてのアイデンティティを前面に出して政治活動をする者はごく少数である。また、アラブ系移民が増えたのは比較的最近であり、社会的、政治的に重要なポジションについている人も、アメリカの政治文化や制度に慣れている人も相対的に少ない。

主要なアラブ系ロビーとしては、一九七二年創設の全国アラブ系アメリカ人協会、一九八〇年創設のアメリカ・アラブ反差別委員会、一九八五年創設のアラブ系アメリカ人協会がある。しかし、立法部、行政部に対する働きかけ、特に政府高官や議員へのアクセスなどを含む様々な点で、ユダヤ系ロビイストには到底かなわないのが現状である。

以上、ユダヤ系ロビーの強さを強調してきたが、近年では、その印象が若干変わりつつあるとも指摘されている。例えば、オバマ政権がイランと結んだ協定については、イスラエルに不利な内容が多く含まれていた。これは従来では考えられないことであり、以後、ユダヤ系ロビーの影響がどう変化するか、注目に値すると言えよう。

4　キューバ系・メキシコ系

†キューバ系の一般的特徴

エスニック・ロビーの中で、ユダヤ系に次ぐ影響力を行使してきたと言われるのが、キューバ系ロビーである。キューバ系ロビーは、カストロ政権打倒や、キューバに対する禁輸措置の維持などの強硬策を求めて、ロビー活動を行ってきた。エスニック系ＰＡＣの中で、自由キューバ政治活動委員会は、親イスラエルのＰＡＣに次ぐ規模を誇ってきた。また、全国キューバ系アメリカ人財団（CANF）は、対キューバ強硬策を説く政治家や大統領候補をマイアミなどに招き、政治資金集めのパーティを開催している。にもかかわらず、二〇一四年一二月、バラク・オバマ大統領はキューバとの国交回復を宣言し、多くの人々を驚かせた。オバマ政権の方針変更と、キューバ系ロビーの活動はどのような関係に立っているのだろうか。

アメリカ国内へのキューバ系の人口移動には、大きく分けて二つの波がある。一つは、キューバで一九五九年にフィデル・カストロが率いる革命軍が社会主義国家樹立を宣言したのを嫌った富裕層が、アメリカのフロリダに難民として脱出したものである。もう一つは、一九八〇年にキューバ政府がマリエル港から大量の難民脱出を容認したのを受けて、増大した経済難民である。

アメリカ在住のキューバ系は二〇一〇年には約一八〇万人に達しており、マイアミを中心とするフロリダ州にその約三分の二が居住している。その他は、ニュージャージー州などの大統領選挙の際の接戦州に居住している。キューバ系は、政治的に凝集性が高く、活発であること、また、その活動に対して（とりわけ冷戦期には）世論が賛同していたこともあり、効果的なロビイングを行ってきたと評価されている。

キューバ系は、CIAなどとも協力し、カストロ政権打倒を目指して様々な活動をしてきた。一九六一年に亡命キューバ人部隊をプラヤ・ヒロンに突撃させたピッグズ湾上陸作戦など、様々な作戦が展開されたのは有名だろう。

一九八一年にはホルヘ・マス・カノーサらがCIAの肝煎りで在米キューバ系有産層に働きかけ、カストロ政権打倒を目指してCANFを結成した。一九八一年に反共を前面に掲げるロナルド・レーガン政権が発足すると、CANFは積極的に選挙資金を提供したり、集票活動をしたりして、フロリダ州政府と連邦政府に対するロビイングを活発化させ、アメリカの対キューバ政策に強い影響力を行使するようになる。

その成果として、キューバ人に対してカストロ政権打倒を訴えかけるための自由キューバ放送が開設された。反キューバ宣伝放送を行うために、キューバ独立の父と称されるホセ・マルティの名を冠した、ラジオ・マルティ、テレビ・マルティがそれぞれ一九八五年、一九九〇年に開始された。また、一九九〇年代に入ってから、キューバ民主主義法(トリセリ法、一九九二年)、キューバ自由民主連帯法(ヘルムズ＝バートン法、一九九六年)というキューバ制裁法が制定された。

†キューバ系の変容?

しかし、キューバ系の政治活動は、近年では性格が変わりつつある。

その大きな理由は、移民・難民第二世代の登場と社会階層の変化である。移民・難民の一世は祖国を脱出する前に内乱を経験しているため、カストロ政権に激しい敵意を抱いている。しかし、二世以降になると、祖国の政治動向よりも自らを取り巻く経済状況に関心が強まっていく。社会階層については、一九六〇年代、七〇年代の難民は政治的亡命者で裕福な者が多かったが、八〇年のマリエル港大量難民流出事件以降、経済的理由による越境者が増えている。その中には家族をキューバに残している者も多く、裕福な難民が主張するような送金停止措置などには同意できないのである。

また、CANFも、その性格を変化させつつある。一九九七年にCANFの創設者が死去し、息子であるホルヘ・マス・サントスが後継者となった。サントスは、フィデルおよびラウルのカストロ兄弟以外の現カストロ政権関係者と対話を実施したい旨発言するなど、穏健な立場にシフトしつつある。一方、創設者カノーサの立場を引き継ごうとする強硬派は、二〇〇一年にCANFとは離別してキューバ自由協議会を創設した。かくして、キューバ系の政治的凝集性は弱まりつつあるのである。

このようなキューバ系の変化や、冷戦終焉から時期が経ったこともあって、アメリカ政府の対キューバ政策も、二〇世紀末から変化の兆しを見せるようになった。

一九九九年末、母親が父親の知らぬ間に六歳の息子とともに小舟でフロリダへの脱出を試みたものの、小舟が転覆して遭難し、奇跡的に助かった少年がマイアミの親類に引き取られる事件が発生した。この際、親類はキューバの父親のところに少年を送還するのを拒否し、フロリダ南部のキューバ系は九一％が送還に反対した。一方、アメリカの世論は六七％が帰国させるべきだとした。長い法廷闘争が続く中、二〇〇〇年四月、武装した連邦捜査官が家に突入して少年の身柄を確保し、連邦政府は少年を父親のところに送還した。ビル・クリントン政権は、キューバ系の意向よりも、アメリカ全体の世論を重視したのだった。

その他、クリントン政権期には、移民の里帰りを可能にするためのアメリカとキューバを結ぶ直行便を拡大したり、食糧と医薬品の禁輸を解除したりするなど、キューバに対する制裁解除を進めた。続くジョージ・W・ブッシュ政権は、キューバをテロ支援国家に指定して国連での人権非難決議を採択し、アメリカ市民の渡航禁止措置などをとって、再びキューバに強硬な姿勢を示した。しかし、オバマ政権は二〇一四年一二月、キューバとの国交正常化交渉に入ることを発表した。

アメリカの対キューバ政策の変化の背景に、キューバ系ロビーの性格の変化があるのは間違いないだろう。しかし、この事例は、ロビイングの強さをどのように評価するべきかについての困難を提起している。アメリカがキューバに対し強硬な態度をとってきたのは、キューバ系ロビーが強かったからなのだろうか。それとも、冷戦という時代状況から世論がそのような政策を評価していたからであり、キューバ系ロビーの持つ影響力はそもそも限定的だったのだろうか。アメリカの対キューバ政策の変化から、エスニック・ロビーに対する評価の困難さという難問を見いだすことができるだろう。

†メキシコ系の特徴

近年、大きな存在感を示しているメキシコ系も、独特のエスニック・ロビイングを実施している。メキシコはアメリカと地理的に近接しており、また、独特の歴史的経緯を持つこともあり、メキシコ系によるロビイングは独特の性格を帯びている。

中南米系、特にメキシコ系は、米墨国境を比較的自由に行き来することができた時代から、出身地の共有された記憶を重視しており、出身地に対する関与の度合いが高い。彼らが出身国に対する愛国心を持っているかはともかくとして、かつて過ごしたコミュニティと、そこに残してきた親族に対する愛着は強いとされている。アメリカにいる移民についても、伝統的にはアメリカを生活費を稼ぐために滞在する場所と認識し、国境線を意識しない人の割合が高かったと言われている。

メキシコ系は、他のエスニック集団と比べても不法移民が多いため、不法移民に合法的地位を与えるための活動を積極的に展開する傾向が強い。キューバ系とは違い、出身国の政治体制の変革を求める動きは弱い。一方、出身国に残してきた親族を呼び寄せたり、出身国に残してきた親族に送金するための条件を整えたりすることを重視する傾向が強い。

メキシコ系が出身国との関わりを維持しようとする傾向が強いため、メキシコ系のロビー活動は、トランスナショナル・ポリティクスの傾向が強くなっている。中でも、メキシコ政府はアメリカ国内におけるロビー活動を積極的に支援している。

メキシコ政府からすれば、アメリカへの移民は二重の価値を持つ。一方では、経済状態が悪い時には、失業対策として移民をアメリカに送り出すことで、国内の社会不安を低下させることができると考えられている。

他方、アメリカ在住の移民は、メキシコに膨大な外貨を仕送りしてくれる存在でもある。メキシコ銀行によれば、同国への送金総額は二〇〇四年には一八三億ドル、二〇〇七年には二七一億ドル、二〇〇九年には二一二億ドルに達している。二〇〇九年のメキシコの外貨収入の内訳が、原油の輸出が三〇九億ドル、農畜産物の輸出が七八億ドル、観光収入が九二億ドルであることを考えると、移民による送金がメキシコ経済に与えるインパクトがいかに大きいかわかるだろう。

†メキシコ政府の移民促進策

松岡泰氏が指摘する通り、メキシコ政府にとってアメリカへの移民は、国内の治安を確保する安全弁であるとともに、金のなる木でもある。このような背景から、メキシコ政府はアメリカへの移民を積極的に促進しようとしている。

とはいえ、移民が出身国から離れ、アメリカで過ごす時間が長くなると、出身国との関係性が薄れて海外送金が減少する可能性もある。アメリカに移住した移民は長期的にアメリカに滞在できるようアメリカの市民権の獲得を目指すことも多いが、そのためには出身国の国籍を放棄することが制度的に求められる。それは出身国との絆が切れることを意味し、海外送金を期待する出身国にとっては好ましくない。

そこで、一九八〇年代以降、多くの中南米の国々が海外在住の移民に再び出身国の国籍を付与する政策を採り始めた。その際にはアメリカ国籍からの離脱が求められることはなく、また、アメリカ政府もその状況を随時確認することができないので、移民にとっては二重国籍が取得できるようになったことを意味した。

具体的には、一九八六年にエルサルバドル、パナマ、ペルー、ウルグアイ、一九九〇年代にはブラジル、コロンビア、コスタリカ、ドミニカ共和国、エクアドル、グアテマラ、メキシコ、ベネズエラ、二〇〇〇年代に入ってからはホンジュラス、ボリビア、チリなどが二重国籍を認めた。投票権に関しては、海外に脱出した移民を出身国にとっての危険分子と判断する国々は認めないものの、アルゼンチン、ブラジル、コロンビア、ドミニカ共和国、エクアドル、ホンジュラス、メキシコ、ニカラグア、パナマ、ペルー、ベネズエラなどは出身国での投票権を認めている。

他にも、メキシコ政府は、バイリンガル教育の推進を働きかけている。バイリンガル教育は、移民の第一世代が英語を話すことができずに苦労すること、その一方で、第二世代以降はスペイン語を話すのに困難を伴うようになることへの対策として導入されている。メキシコ政府は二〇〇五年に「海外在住メキシコ人センター」を設立し、年一〇〇万ドルをアメリカのバイリンガル教育に寄付している。メキシコ政府は領事館と協力してアメリカ在住のメキシコ系とのネットワークを作るとともに、移民二世や三世にもメキシコ人としての意識を持たせようとしているのである。

†メキシコ人IDカード

メキシコ政府は、メキシコ人IDカードを導入し、その普及を図ろうとアメリカの連邦や州政府、また金融機関などに働きかけている。メキシコ人IDカードとは、メキシコ領事館がアメリカ在住のメキシコ人に対して発行する写真入りの身分証明書のことである。九・一一テロ事件以後、外国人に対する身分のチェックが厳格に行われるようになり、銀行口座開設や海外送金の際にパスポート等の正規の身分証の提示が不可欠になった。メキシコ政府は、パスポートや運転免許証などの代わりの身分証明書としてメキシコ人IDカードを認めてもらえるよう、州政府や地方政府、銀行に対して積極的に働きかけている。

言うまでもないことだが、アメリカに合法的に入国しているメキシコ人はメキシコのパスポートを提示すればよいし、アメリカ国籍を得たものは運転免許証など正規の身分証明書を提示すれば済む。したがって、メキシコ人IDを利用する必要があるのは、アメリカに不法滞在している人々にほぼ限定されている。

メキシコ人IDカードは、偽造が容易なメキシコの出生証明書を添えてメキシコ領事館に書類を提出すれば発行してもらえる。メキシコ政府がIDカードに登録された情報を一括して管理するデータベースを整備していないこともあり、同じ氏名、住所の人物に複数枚IDカードを発行していることもある。だが、このIDカードの利用を承認すれば送金手数料や口座の預金残高を増やすことができることもあり、二〇〇三年の調査によれば八〇〇の地方政府と七四の銀行がこのIDカードを身分証明書として認めているという。

メキシコ政府は、これらの措置をとることで、移民に出身国とのつながりを維持させようとしている。メキシコ系ロビーは、出身国とロビイストが協力関係を結ぶことにより、トランスナショナル・ポリティクスを展開している、興味深い事例である。

また、出身国が二重国籍を容認していることは、移民の二重忠誠の問題を提起している。先に、移民がアメリカ的信条を身に着けてアメリカ国民となっていったことの重要性を強調するサミュエル・ハンティントンが、メキシコ系移民については二重のアイデンティティと忠誠を示しているために従来の移民とは性格が異なると主張していることを紹介した。もっとも、歴史的に見ても初期の移民はアメリカと出身国への忠誠心のはざまで苦しんできたと言えるだろうが、出身国が二重国籍を容認する中南米の国に関しては、従来の移民以上に重要な問題が存在しているのである。

5 東アジアのロビー勢力交代――日系から中国系へ

†東アジア系の位置づけ

最後に、アジア系、中でも、日系と中国系のロビイングについて考えたい。

アジア系の人口はそもそもさほど多くなかったこともあり、近年でも人口全体に占める割合は必ずしも高くない。だが、近年のアメリカでは、アジア系の人口増加率はとても高くなっており、今後のアメリカ政治に及ぼす影響力は未知数である。

アジア系は、いくつかの興味深い特徴を備えている。まず、アジア系はカリフォルニアやヴァージニアなど、政治的に重要な州に多く居住しているため、人口規模以上に大きな影響を及ぼす可能性がある。表4にあるように、今日のアジア系は、コリア系を除いてアジア系、あるいは、アジア人としての意識が弱い。だが、もし汎アジア的ネットワークが強まり、アジア系が一体として活動する可能性が高まるならば、アジア系がどのような投票行動をとる

表4　アジア系の自己意識

	インド	中国	フィリピン	日本	韓国	ヴェトナム	全体
エスニック系アメリカ人	36	40	46	44	64	69	47
エスニック集団	28	38	40	36	70	37	40
アジア系アメリカ人	21	20	15	13	43	20	21
アジア人	12	17	15	12	48	16	19
アメリカ人	6	4	3	5	2	1	4
その他	3	2	5	4	0	2	3

（出典）Janelle Wong, S. Karthick Ramakrishnan, Taeku Lee, & Jane Junn, *Asian American Political Participation: Emerging Constituents and Their Political Identities*, (New York: Russell Sage Foundation, 2011), p. 162.

かが重要な意味を持つだろう。

それに加えて、アジア系は多様な集団であり、歴史的に差別されてきた人や貧しい人がいる一方で、教育レベルが高く、裕福な人の割合も高い。これは、仮にアジア系がまとまって行動するようになったとしても、その投票行動が揺れる可能性が高いことを意味している。今の段階では、表5にあるように、アジア系はヴェトナム系を除いて民主党を支持しているが、その支持は強いわけではない（なお、ヴェトナム系は難民としてアメリカに来た人が多いため、ヴェトナムに対して強硬な態度を示す共和党を支持している）。これは、アジア系が特定の政党と恒常的な関係を築くとは限らないこと、言い換えれば、民主、共和両党ともに、アジア系の票獲得を目指して様々な配慮をすると予想できることを意味している。

少なくとも現在の段階では、アジア系移民のまとまりはさほど強くはない。中でも、日系、中国系、コリア系の移民の間で利害関係が一致しているとは言いが

表5　アジア系の政党帰属意識

	民主党	共和党	政党帰属意識なし
インド系	54	14	32
中国系	41	13	46
フィリピン系	50	24	26
日系	59	19	23
コリア系	59	27	15
ヴェトナム系	29	45	27
全体	48	22	31

（出典）Wong, Ramakrishnan, Lee, & Junn, *Asian American Political Participation*, p. 129.

たく、時に対立的な要素が前面に出ている。個別のエスニック集団としてみた場合、アジア系は人口がとりわけ少ないので、影響力を行使するためには、票の数を武器とするだけではなく、ソフトパワーを活用する形で影響力を行使することも重要になる。

†東アジアのロビー勢力交代？

先に指摘したように、日系、中国系、コリア系の移民は、歴史認識などの問題をめぐって対立することもあるが、果たしてどのエスニック・ロビーが大きな影響力を持っているのだろうか。

エスニック・ロビイングの影響力を測定する指標を作成することは、思いの外難しい。例えば、議会での国別の演説回数をエスニック・ロビーの強さの表れととらえる議論がある。しかし、議会演説を行うためには様々な調整もあり、演説回数がロビーの強さの反映だとは考えにくい。例えば、首相がいつ変わるかわからない国に演説の機会を与えても無駄になる危険があるため、首相がしばしば交代していた時期の日本が連邦議会で演説の機会を与えられる可能性は低かった。一方、行政府の長の任期が固定している国は日程の調整が相対的に容易なので、演説回数が多くなるだろう。

また、特定の国に対する言及の度合いに基づいて、エスニック・ロビイングの強さを評価しようとする向きもある。大統領が特定の国家に対して演説で言及する頻度が高ければ、エスニック・ロビイングが成功したと見なされるということである。だが、当該国家とアメリカの間に意見の対立がなければそもそも言及する必要もない。紛争があるからこそロビイストが必要であり、争いがなく利害が一致していればロビイングの必要はないと考えるならば、利益関心が一体化してほとんど言及されない集団の方が影響力が高いということもできるだろう。

このように、ロビー勢力の強さを評価するのには困難が伴っており、その影響力を客観的に測定するのは難しい。だが、アメリカの大学の利益集団政治の授業で頻繁に利用されて版を重ねている『利益集団政治』と題する論文集では、東アジアのロビー勢力に関する論文が掲載されているが、版を重ねるのに伴ってその題名と内容も変化している。

一九八〇年代から九〇年代にかけて日本が経済的に大成功を収めていたが、日本脅威論が人口に膾炙していた一九九五年に出された版では、日系ロビーがワシントンDCでかくも成功を収めているのは何故か、他のエスニック・ロビイングと異なる日本ロビーの特徴はどこにあるのかが検討課題とされていた。しかし、二〇〇七年に出された版では、日系ロビーの影響力が大幅に低下する一方で、中国系ロビーの影響力が増大していることが指摘された。さらに、二〇一一年に出された版では、中国ロビーが成功している理由がより直接的に問われ、題名から日系の文字が消えている。

同様に、ジョンズ・ホプキンズ大学のライシャワー東アジア研究センターのケント・カルダーは『ワシントンの中のアジア』と題する著作で、中国や韓国がワシントンで効果的な活動を積極的に展開している一方で、日本の存在感の低下が著しいことを指摘している。興味深いのは、『利益集団政治』内の論文の筆者もカルダーもともに、中国や韓国は、かつて日本が効果的に用いていた手法をモデルとして影響力を増大させつつあるのに対し、日本はその利点を自覚せずに活動を縮小しているのが問題だと指摘していることである。

以下、主にカルダーの研究に依拠しつつ日系と中国系のロビー活動について紹介するが、注意が必要なのは、日中のロビイングについては、在米のエスニック集団ではなく、日本政府、中国政府が中心となって活動を展開していることである。東アジアのロビー活動は、出身国の意向が極めて重要な意味を持っており、トランスナショナル・ポリティクスの要素が強いことに留意する必要がある。

†日本の政治的・経済的ロビイング

日系はアメリカ国内で占める人口も少なく、莫大な献金をしているわけではない。にもかかわらず、一九八〇年代には日系のロビイングは効果的だと高く評価されてきた。

日本のロビーが成功を収めた秘訣は、単に政治、経済に関する活動のみならず、文化活動も活発に行ってきたこと、いわば、ソフトパワー的なロビイングを行ってきたことにある。文化、経済、政治という三つの要素が相互に補強しあってきたことが、大きな成果を生んできたのである。

政治的なロビイングに関しては、一九八〇年代や九〇年代初頭まで、日本は、ワシントンの有力な政界関係者をロビイストに雇っていた。かつてのアメリカ通商代表部代表やCIA長官、ホワイトハウスの安全保障担当補佐官、商務長官などである。日本は一九八〇年代後半には、一年にロビイング用に一億ドルを、それとは別に世論対策として三億ドルを用いてきたと評されている。一九八〇年代は日本の経済成長が目覚ましく、日米間の経済紛争が大きなテーマとなっていた。また、安全保障に関する協議も重要な意味を持っていた。この状況下で、日本は政治的観点からロビイングを積極的に行ったのだった。

経済的なロビイングについては、様々な団体が多様な活動を行っていた。中でも、ワシントンに拠点を置いていた外務省の外郭団体である日米経済協会（JEI）は、日米間の経済摩擦、日本企業の対米進出などについて研究を行うとともに、日本経済やビジネスについての各種情報提供を行っていた。また、日本の財政政策や予算編成過程、防衛、通商政策、教育、産業政策、外交などに関するレポートを定期的に発表したり、セミナーを積極的に開催するなど、日本に対する理解の向上に重要な役割を果たしていた。だが、ＪＥＩは二〇〇一年に廃止された。

日米間の経済問題に関する重要なシンクタンクは国際経済研究所（ＩＩＥ）である。Ｃ・フレッド・バーグステンが所長を務め、一九八〇年代には日米関係に関する様々な調査を行い、ワシントンポストやニューヨークタイムズなど各種メディアに情報を提供してきた。しかし一九九〇年代以降、ＩＩＥは研究の焦点を中国にシフトするようになっている。

日本は様々な情報収集能力に長けていたが、その中でも米国内一五箇所に存在する外務省の日本領事館は情報の収集、分析に優れた能力を発揮し、経済産業省の日本貿易振興会（ＪＥＴＲＯ）も日本のビジネスの推進や広報活動で大きな役割を果たしていた。

また、ソニーの盛田昭夫を中心として一六〇の企業が協力して一九八八年に対米投資関連協議会を設立し、翌年には企業市民協議会（ＣＢＣＣ、ただし当初の日本語名は海外事業活動関連協議会）に改組した。同組織は経団連と協力しつつ、日本企業が進出先の現地コミュニティから良き企業市民として受け入れられるようになるための活動を行っている。

†文化的ロビイングの成功

以上のような政治的、経済的ロビイングを補完し、独特の役割を果たしてきたのが、文化的ロビイングである。国際交流基金、日米友好基金、日本協会、米日財団などが極めて大きな役割を果たしてきたが、中でも国際交流基金と米日財団は、アメリカの日本に対する態度に大きな影響を及ぼしてきたと考えられる。

国際交流基金は、一九七二年に外務省所管の特殊法人として設立され、二〇〇三年に独立行政法人となった。外務省からの約一二五億円の運営交付金を含む一七五億円規模の予算をもとに世界中で活動を展開し、日本の国際文化交流活動の中心機関となっている。文化芸術交流、海外における日本語教育、日本研究・知的交流の三つを主要活動分野としている。

また、国際交流基金は、一九九一年に日米関係の緊密化を目的として日米センターを創設した。東京とニューヨークに事務所が設置され、世界経済、軍縮、環境、経済発展、教育や移民問題を含む都市問題など、様々な争点を扱っている。また、アメリカ国内で、会合を主催したり、博士課程の学生向けの奨学金、研究調査資金などを提供している他、世論調査研究機関のローパー・センターに補助金を出したり、アメリカ議会図書館に日本の最新の情報や刊行物を充実させるための支援を行っている。さらには、中核的研究支援プログラムとして安倍晋太郎元外務大臣の提唱に基づいて安倍フェローシップ・プログラムが設置されており、緊要な取り組みが必要とされる研究課題に関する調査研究の増進や、長期的に政策志向的研究または報道に従事する新世代の研究者、ジャーナリストの成長を支援し、その世界的ネットワーク作りを推進している。

国際交流基金は日米間の相互理解のために多大な貢献をしてきたものの、二〇〇〇年代に入って以降、その予算規模が大きく縮小されている。

日米友好基金は、一九七二年の沖縄返還をきっかけに、日米間の相互理解と文化交流を促進する奨学金プログラムとして、アメリカ政府が一九七五年に創設し、アメリカの教育機関における日本研究および日本語教育を助成してきた。その後、より充実した日米交流を促すべく、新たに日本におけるアメリカ研究のほか、教育・交流事業、文化・芸術交流などの幅広い分野の活動に対する奨学金が整備されている。ただし、予算が年間およそ三〇〇万ドルと限られているので、その活動は限定的なものとならざるを得ない。

日本協会は一九〇七年に創設され、ニューヨーク市に拠点を置いている。アメリカにおける日本理解を深めることを目的として、日米の企業や様々な財団から提供される補助金をもとに運営されている。日本協会は日米の文化交流を重視する団体ではあるものの、両国の政治的、経済的な対立を緩和することも重要な役割と位置づけている。同協会は相互的な文化理解に資するための教育プログラムに加えて、両国関係に影響を与える政治、経済、経営、社会的な争点について議論するためのフォーラムを提供するなどしている。また、日米リーダーシップ・プログラムなどを提供している。さらには、日本文化を紹介するイベントを毎年数百回開催するとともに、教育・言語支援プログラムも提供している。

米日財団もニューヨーク市に拠点を置く財団であり、財団法人日本船舶振興会（現日本財団）からの一〇〇億円の資金投入によって一九八〇年に設立された。日米両国の絆をより強固にすることを目的として、互いに知識を育み、理解を深め、意思疎通を向上させ、共通課題に対処するため、若手研究者への研究支援や様々な交換プログラムを提供している。

その他、日本の外務省や文部科学省は様々な教育プログラムの支援を通してアメリカにおける日本理解に努めているし、財務省は世界の貿易専門家などを対象とした非公式の協議会などを開催した。また、日本政府は、日米交流基金や様々な日本企業がハーヴァードなどのエリート大学や有力なシンクタンクに日本研究の拠点を作るのに協力してきた。これらのプログラムを通して日本に対する理解を深め、良好な日米関係の礎となった政治家、政府関係者、メディア関係者、教育者などは数多い。また、日本はピーター・G・ピーターソンやC・フレッド・バーグステン、スティーヴン・ボズワースなどの知日派がフォーラムなどに参加するための費用を提供し、日本に関する友好的な見解が広がるのに寄与してきた。

このように、日本は直接的なロビイングのみならず、文化や教育などの間接的な活動を通しても、官民ともにアメリカにおいて日本に好意的な環境作りを行ってきた。日本大使館は、政治家やシンクタンク、メディア、学者のみならず、一般のアメリカ国民を対象とした活動も積極的に展開している。その結果、日本はその経済規模に比べるとロビイングに用いてきた費用は少額ながらも、一九八〇年代までは効果的に国益に資する活動を行ってきたと評価されている。

†揺らぐ日本のロビイング評価

しかし、一九九〇年代以降、その評価は大きく揺らいでいる。日本の景気悪化が顕著になる中、かつては著名なロー・ファームとロビイスト契約を結び様々なコンサルタントを雇っていた日本の主要企業も徐々に鳴りを潜めていき、ロー・ファームもその主要な契約先を日本から中国の企業に移していった。また、日本を訪問する議員や議会スタッフ、また日本からアメリカを訪問する議員の数も減少している。日本研究を展開していたシンクタンクや大学もその関心を中国にシフトしていき、日本専門家はシンクタンク、大学の双方で顕著に減少している。

日本政府も様々な活動のための予算を縮小していった。大使館も、近年では歌舞伎や能楽、アニメやマンガのような、異国情緒あふれるプログラムには比較的費用をかけているものの、日本語教育など、文化的な意思疎通のための基礎となる、日本に対する理解を深めるために必要な活動への予算は十分とは言えないように思われる。

日本の大使館は、閣僚など、日本からの来訪者の接待のために資源を用い過ぎているとカルダーは指摘している。また、日本の人事慣行の妥当性にも疑問を呈している。例えば、中国などは有能な若手を比較的長期にわたりワシントンに張り付け、後に中国国内で政治エリートとして活動させることを念頭に置いている。そのため、ワシントン在住の中国の官僚は、長期的な観点から人脈作りに励む傾向がある。一方、日本の場合は、事務次官経験者などで引退の近い人がワシントンの大使として任命されることが多い。これは、極めて有能な人物を任命しているという点でアメリカの重要性を反映していると言えるが、その一方で、長期的な視点に立った人脈作りなどが疎かになる危険を秘めている。

日本は、在米の日系人に対するアプローチも熱心ではなかった。第二次世界大戦時の経験もあり、日系アメリカ人は日本政府や日本企業と距離を置いてきた。しかし、近年、日米センターなどの協力もあり、大使館が日系人を日本に招聘したりするようになった。また、二〇〇八年に日系人指導者の集まりである米日カウンシルが設立されて以降、大使館と日系人社会の関係は緊密になりつつある。

その他、外務省は日米間の個人的人脈を深めるための日米リーダーシップ・ネットワーク・プログラムや、若者交換留学制度である架け橋プロジェクトなどを支援している。

二〇一四年三月に、超党派の議員連盟であるジャパン・コーカスがようやく発足した。中国、韓国、台湾、インド、インドネシアなどに関する議員連盟が以前からあったことを考えると、非常に遅れている。日本については現職議員が設立した公式の日米研究会もない。国際交流基金は一九九六年にワシントン事務所を閉鎖しているし、経団連も二〇〇九年にワシントン事務所を閉鎖した。日本の主要政党もワシントンに事務所を設置していない。JETROや日本協会、国際交流基金も拠点はワシントンではなくニューヨークにおいており、日本のニューヨーク偏重は近年ワシントンの重要性が増大しているのとは逆行している。

†中国のロビー活動

中国は、一九八九年の天安門事件に対するアメリカのリアクション、一九九五年にクリントン政権が台湾の李登輝総統がコーネル大学を訪問できるようにビザを付与したこと、アメリカと中国の間の貿易不均衡などをきっかけとして、徐々にアメリカでのロビー活動に力を入れるようになった。中国がアメリカに対する影響力行使のために実施した作戦としては、アメリカの財務省証券を買い増すこと以外にも、アメリカの数々のロー・ファームと契約を結ぶことも含まれた。

中国のロビー活動には、かつての政界の大物を活用する傾向が強い。中でも、ニクソン政権の国務長官であったヘンリー・キッシンジャーとの関係が密なことが知られている。キッシンジャーは中国が雇用しているロビイストのリストには掲載されておらず、キッシンジャーが一九八二年にニューヨーク市に設立したキッシンジャー・アソシエイツは顧客リストを公開していない。だが、中国とキッシンジャー、キッシンジャー・アソシエイツの密な関係は周知の事実である。

キッシンジャー・アソシエイツは、キッシンジャーと、かつての共和党政権の国家安全保障補佐官であったブレント・スコウクロフト、国務長官でありホワイトハウスの首席補佐官も務めたローレンス・イーグルバーガーが設立したもので、世界中の顧客に対して政府との関係について助言することを任務としている。同社は、有力広報会社や、ワシントンDCに拠点を置く影響力のあるロー・ファームと関係が深い。

中国は他にも、ジョージ・シュルツ、サイラス・ヴァンス、アレグザンダー・ヘイグなどの元国務長官など政府高官と関係を密にしている。日本がニューヨークを重視して活動する傾向があるのに対し、中国はワシントンの政界関係者との関係を深め、ワシントン志向が強いのが特徴である。

近年の中国の経済成長の結果、中国系ロビーはキッシンジャー・アソシエイツに加えて、ワシントンの複数の有力ロビー会社と契約を結んでいる。また、ナンシー・ペロシ元下院議長をはじめとする有力政治家のＰＡＣに高額の献金をしている。

†中国のロビイングの目的

中国のロビー活動の主要目的は、第一に、アメリカが中国との関係を強化し、台湾との関係を弱体化するようにすること、第二に、中国が経済成長を持続させることができるように、アメリカとの経済的関係を密にすることの二つだと考えられる。

この後者の目的を実現するため、中国はアメリカ国内の主要企業との関係を築くことに熱心で、中国への通商上の特恵や個人的なアクセス権を与え、その見返りとして中国の団体の利益を実現するよう働きかけてもらおうとする。米中ビジネス評議会（米中貿易全国委員会と訳されることもある）やアメリカの財界有力者が結成した自由貿易推進団体である米国貿易緊急委員会、また、中国市場開拓を目指す大企業との関係を深めている。中でも米中ビジネス評議会は一九七二年のニクソン訪中から七九年の米中国交正常化までの間両国の貿易関係を調整する準政府的な地位を与えられていたと言われている。その成果が、一九九〇年代に最恵国待遇と恒久通常貿易関係を勝ち取ることにつながったと言える。なお、中国は米中ビジネス評議会以外にも一九七二～七九年に米中関係全国委員会、華美協進社、米中政策基金、米中学術交流委員会など複数の団体に準政府的役割を与え、積極的に活用していた。

中国は、ブレジンスキーやキッシンジャー、ジェームズ・シュレジンガーなどの有力な政界関係者と長期にわたる関係を築いてきたのに加えて、AIGの元CEOであるモーリス・R・グリーンバーグらとも関係を築いてきた。グリーンバーグは中国の利益をアメリカに代弁することから、しばしば非公式の中国大使と称されるようになっている。

一九九六年の中国の最恵国待遇の更新に際しては、ボーイングやモトローラ、キャタピラー、AT&T、AIGなどの有力団体が中国を支持し、米中貿易のためのビジネス連合が一時的に結成され、ゼネラル・エレクトリック、モービル、エクソン、ユナイテッド・テクノロジー、フィリップ・モリス、P&G、TWR、ウェスティングハウス、IBMなどが参加した。また、中国系ロビーは各種媒体に意見やレポートを掲載するなど積極的な広報活動を行ったのに加えて、小企業の賛同を得るための草の根の呼びかけも行った。

さらには、全米製造者協会や全米商工会議所、ビジネス・ラウンドテーブル、米国石油協会、米国研究製薬工業協会、ビジネス・ソフトウェア・アライアンスなどへの働きかけも行った。その結果、七〇〇ほどのアメリカ企業がロビイング活動に参加し、総勢二〇〇〇万ドル程度がPACに対して献金された。中国系ロビーがターゲットとした一〇三名の連邦議会議員のうち、一〇一名が中国寄りの投票をしたと言われている。

†中国のソフトパワー・ロビイング

このような熱心な取り組みの一方で、中国系ロビーはアメリカに居住している中国系アメリカ人コミュニティの動員にはあまり成功していないとも言われている。中国系アメリカ人はキューバ系のように本国の政治体制転覆を図ろうとしているわけではないものの、中国の人権弾圧に対して批判的であり、中国との通商拡大が自らの生活に有利に働くかについて疑念を持つ人も多いため、中国政府が動員を図るのが難しいと言われている。そこで近年では、中国は地方都市の中国系住民に対して旧正月の春節、国慶節などを祝うレセプションを開催するなど積極的にアプローチしつつある。

それに加えて、百人委員会という民間団体は、ソフトパワーに関して重要な役割を果たしている。天安門事件後に、建築家のイオ・ミン・ペイを中心に結成された中国系アメリカ人の組織である。領土問題などの重要争点に関してのみ中国の立場に立つが、アメリカやアジアのいかなる特定の政党ともつながりを持たず、アメリカと中華圏の関係を安定させることを目指しているという。

中国のソフトパワー・ロビイングに関しては、世界中に多くの孔子学院を設立していることが重要な意味を持っている。ワシントンエリアだけでも、メリーランド大学、ジョージ・メイソン大学、ジョージ・ワシントン大学に設置されており、アメリカ事務所はワシントンの中心部のブルッキングズ研究所の前にある。また、ミシガン大学やミシガン州立大学、テキサスA&M大学、カリフォルニア大学ロサンゼルス校、ワシントン大学、オレゴン大学、ユタ大学、マサチューセッツ大学などにも設立されており、その他の大学にも孔子学院の設立を提唱している。

この試みは、ドイツのゲーテ・インスティトゥートやフランスのアリアンス・フランセーズと同様に、広範な社会、政治的目的を持つ。これらの施設は、政治的に中立の立場から文化的活動を行うことで住民との結びつきを作ろうとしているが、政治的意義を持つことも多い。

その他、中国は文化広報外交を積極的に展開しており、ワシントンを中心に文化フェスティバルなどを開催してきた。また、二〇〇九年に広報外交部を設立し、メディア部門を大幅に拡充している。例えば、二〇一一年には北京で発売されている国有の『チャイナ・

ウォッチ』の無料の別刷りを配布し始めたし、二〇一二年には国営の国際放送である中国中央テレビ（CCTV）が英語での放送を開始している。CCTVはNBCやブルームバーグ、フォックス・ニュースなど、アメリカの報道機関からスタッフを多く雇い、アメリカで広く受け入れられやすい番組作りをしていることでも知られる。

政府による諸々の活動に加えて、中国の企業が個別に雇い入れているロビイストなども含めると、中国のロビイング活動はもはや膨大な量となっている。

このような中国のロビイングに対し、アメリカでも反共産主義団体や信仰の自由を強調する諸団体、労働組合であるAFL－CIO、人権活動団体などが、精力的に反対の活動を続けている。また、近年は大企業の中でも、中国政府の活動に対して疑念を呈し、それとは距離を置き始めているところもある。

†日系アメリカ人は何をしているのか？

最後に、コリア系アメリカ人と日系アメリカ人について、若干コメントしておきたい。従軍慰安婦像設置や従軍慰安婦決議などの報道を受けて、コリア系があれほど熱心に活動しているのに、日系アメリカ人が強く反発しないのは何故か、という議論がされることがある。この議論には、二重に注意が必要である。

まず、従軍慰安婦像や従軍慰安婦決議については、コリア系アメリカ人が熱心に活動しているというよりも、トランスナショナル・ポリティクスの要素が強い。コリア系移民は、その多くが一九六五年の移民改革以降に渡米した人が多く、世代的にも一世や二世が中心で、祖国との関係が強い。とはいえ、コリア系は、本国の権威主義体制に反発し、外部から韓国の民主化を実現しようとしてアメリカに移民した人も多く、反日活動を展開することに消極的な人も多い。一九九二年のロス暴動に際して黒人がコリア系商店を襲撃して以降、コリア系は政治的団結力の向上に努めているが、それがただちに反日行動につながると考えるのは拙速である。

次いで、日系アメリカ人については、一九世紀末のハワイや西海岸への移民にまで歴史をさかのぼることができ、世代的にも三世、四世、五世が多い。他のエスニック集団との混交も進んでいて、エスニック集団やアジア系としての意識も必ずしも高いわけではない。日系の内部にも、渡米時期による相違が見られ、真珠湾攻撃後に強制収用を経験した人と、高度経済成長期以後、とりわけ一九八〇年代とバブル経済期以降に渡米した人は、しばしば異なるコミュニティに属していて交流に乏しい。このように、日系は内部に一種の断絶があり、集団としての凝集性は高くない。

日本との関係については、強制収用を経験した人々にとっては、日本が実施した真珠湾攻撃のせいで災難に巻き込まれたとの意識がある。戦時中の日本の行動は非難されて当然だという認識は、他のアメリカ人と同様に強い。また、日本の高度成長期には日本企業のアメリカ進出が盛んになり、伝統的な日本人コミュニティに拠点が置かれたが、その結果伝統的なコミュニティが解体されて商業タウン化してしまい、日系アメリカ人の人口拡散が進んでいった。

そもそも日本では、日系移民を棄民扱いする人も存在しており、日系人を雇用することに消極的な企業も多い。このような状況で、日本とつながりがあるということを根拠として、自動的に日本の肩を持ってくれると期待するのはおかしいと言わざるを得ないだろう。

6 エスニック・ロビイングをどう見るべきか

†評価の困難さ

エスニック集団の政治活動が及ぼす影響の大きさを測定するのは極めて困難である。例えば、キューバ系はキューバに対する経済制裁を求めていて、実際にアメリカ政府はキューバに対する経済制裁を継続してきた。だが、それはキューバに対して制裁を科すことがアメリカの国益に適うと冷戦期以降考えられてきたためでもあり、その決定にキューバ系のロビー活動がどれだけの影響を及ぼしたかを確定するのは困難だろう。

その一方で、エスニック集団が影響力を行使しやすい条件は、ある程度整理することができる。以下、相互に関連する、重要な点を六つ紹介したい。

第一に、集団の凝集性の高さ、言い換えるならば、政治的な見解や行動が統一されていることは重要な条件となる。集団内に複数の立場があるのは避けがたいが、他の政治アクターがその見解の相違を明確な対立と認識してしまえば、集団の交渉力は低下する。

ただし、見解やイデオロギーが一つにまとまっている必要はない。むしろ、多様な意見があり、その結果として行動が変化することが、力の源泉と見なされることもある。集団が立場を変えて、他の党と接近する可能性があるとの脅しは、状況によっては大きな効果を持つ。内部における立場に相違があり、活発に議論がなされているものの、外部に公式に表現される見解はまとまっており、一致して行動することができることが重要な意味を持つ。

第二に、集団の組織力が重要である。職業的、専門的なロビイング組織として活動できること。情報収集能力や資金力があること。そして、集めた選挙資金や広告費を、特定の候補や目的のために集中的に投下できることは、組織の影響力を高める。

第三に、集団の構成員数と、居住地域が重要な意味を持つ。選挙においては、選挙権を有している人に関しては一人一票という原則があるので、影響力を持つためには、集団の構成員数が多い方がよい。しかし、いかに全体として数が多くても、彼らが多くの選挙区に分散していれば、その影響力は限定的となる。むしろ、全体数は少なくても、特定の選挙区に集中していれば、一定の影響力を持つ場合がある。特に、その地域が大統領選挙での接戦州にあるなどすれば、その集団は数以上の影響力を持つことがある。

また、いかに有権者数が多くても投票率が低くては意味がないので、投票のために人々を動員する能力が重要になる。もっとも、特定のエスニック集団だけで選挙区の有権者の相当な割合を占めることは稀であり、投票時に動員する対象はそのエスニック集団の人員には限らない。他の集団と連合を形成する能力も重要な意味を持つ。

第四に、集団がある程度アメリカ社会に同化していることが必要になる。もし集団が完全にアメリカ社会に同化してしまっているならば、特有の利益関心を持つ利益集団として行動することはないだろう。その意味で、エスニック集団が祖国や民族集団に対する特別の利益関心を有していることは議論の前提となる。その一方で、集団がアメリカ政治に影響を及ぼすことができるためには、集団がアメリカ社会の正統な構成員と見なされている、あるいは、アメリカと密接な利害関係を有していると見なされることが必要である。

第五に、エスニック集団が広範なアメリカ国民と文化的に類似していると考えられること、また、アメリカの重視する規範を共有していると見なされることが重要である。ユダヤ・ロビーの見解がアラブ・ロビーの見解より支持されやすいのは、ユダヤ＝キリスト教的価値観がアメリカで広く共有されているためである。従軍慰安婦問題を提起するロビイングが一定の支持を得られるのは、アメリカで重視されている女性の人権尊重という規範と整合的だからである。

あるいは、エスニック集団の文化がアメリカ社会で広く支持されていれば、エスニック集団の活動も広範な支持を得やすくなる。その意味で、文化外交やパブリック・ディプロマシーも重要な意味を持つ。

第六に、集団は一般的に正統と考えられている戦術を用いる必要がある。政治的な目的を直接的に達成できそうだからと言って、暗殺やゲリラなどの手法を用いるのは適切でない。選挙、陳情、献金、デモなど、様々な政治戦術が用いられる度合いやその効果は国や地域により異なるが、出身国で受け入れられていた手法でも別の国では容認されない場合もある。

†二重の忠誠心という問題

エスニック・ロビイングには、二重忠誠の問題が何らかの形で伴ってくる。エスニック・ロビイングの分析に困難が伴うのは、アメリカ国内に居住するエスニック集団が行う政治活動と、トランスナショナル・ポリティクス、さらには外国がアメリカに対して行うパブリック・ディプロマシーとの境界が不明瞭だからである。

言論や政治活動の自由が認められていない権威主義体制の国では、公然と政権批判をすることが認められていない場合が多い。そのような国から亡命してきた人々が、出身国にいた際には政治活動を行う意思を持っていなかった場合でも、アメリカの自由で民主的な政治文化に触れることによって政治活動に熱心になることがある。しかし、それはアメリカ国内に居住する、出身国を同じくする人々だけによって展開されるとは限らず、他国に居住する人々、場合によっては出身国の人々と共同して行うトランスナショナル・ポリティクスの形をとることも多い。

また、近年、国益を実現するための手段として軍事力や経済力のみに頼るのではない、パブリック・ディプロマシーの重要性が強調されている。これは国家がその国益を実現するために行う外交活動の一種だが、その際に自国から移民した人材を積極的に活用することも多い。場合によっては、移民の大半がそのような出身国の活動に関心がない場合でも、一部の熱心な人や出身国の人々に協力を要請されて動員される場合もあるだろう。そのような場合に、そのような活動の本質が外国による外交なのか、移民によって国民となった人が抱く外交政策に対する要求なのかを区別するのは困難だろう。

これはしばしば移民の受け入れに反対する論拠として指摘される事柄である。すなわち、特定の国から多くの人が一団となって移民してきた場合に、その人々が出身国の意向に基づいて居住国の政治の方向性を変えてしまうことにつながるのではないかとの懸念である。そして、本章のアルメニア系やユダヤ系の事例、さらには、メキシコ系によるメキシコ人IDの事例が示すように、エスニック・ロビイングがアメリカの国益に反する結果をもたらす可能性はありうる。

もっとも、その一方で、外国人の存在がリベラル・デモクラシーを豊かなものにするという議論もある。外国人や移民、エスニック集団が居住国に対して好ましい貢献をするか、居住国よりも出身国の利益を重視する行動をとるかは、第三章でも指摘したように、彼らが国内で満足して生活できる環境を整えることができるか、彼らが居住国に対する愛着を抱くことのできる状況を作ることができるかに依存するのだろう。

第五章

移民大国アメリカが示唆する日本の未来

日章旗や旭日旗を掲げ、在日コリアン排撃を叫ぶデモ。2013年6月16日、新大久保（共同通信社）

1 マイノリティが変えるアメリカ

†マイノリティの現状と今後

二〇一六年のアメリカ大統領選挙に際しては、移民問題が注目を集めている。共和党候補のドナルド・トランプが中南米系移民・不法移民に対し、強い批判を繰り返しているのは周知の通りである。また、トランプ以外の共和党の有力候補であったテッド・クルーズとマルコ・ルビオがともにキューバ系であることも、移民問題に注目が集まる理由になっている。

近年では日本でもアメリカ政治についての情報が入手しやすくなってきているが、本書で記された様々な変化は、一般的に指摘されるようなアメリカ政治の姿とは異なっていることがわかるだろう。

一般的な理解では、アメリカの二大政党のうち共和党は、企業経営者や減税を主張する経済的保守、人工妊娠中絶や同性婚に反対するなどモラルの問題を重視する社会的保守、軍事・安全保障の面での保守を基盤としており、白人の支持者が多いと考えられている。それに対して、民主党はマイノリティの政党だと言われることが多い。アメリカでは非白人人口の割合が近年では高まりつつあり、二〇五〇年には中南米系を除く白人が人口の過半数を下回るとも指摘されている。二〇一一年に生まれた新生児では、白人はすでに過半数を下回っていた。中南米系移民が増大する現状を踏まえれば、今後は民主党にとって有利な状況が生まれるのではないかと考える人もいるかもしれない。

だが、移民とマイノリティをめぐる現状はそれほど単純ではない。

例えば、一般的には黒人は全て奴隷の系譜を引く人々であり、圧倒的に民主党支持の傾向があると考えられている。だが、近年ではアフリカやカリブ海出身の移民が増大している。黒人の移民は、祖先に奴隷がいる黒人との共通の運命を感じることがなく、彼らの抱える問題にさほど関心を持たない。そして、海外で育った黒人の移民が、もともとは奴隷制と人種差別に基づく反省の上に制度化された積極的差別是正措置を活用して社会的地位を上昇させる現象が発生している。このような事態が進展すれば、黒人政治は全く新しいものに変容する可能性があるだろう。

中南米系についても民主党支持だと一般的には言われるが、クルーズやルビオの例に典型的に見て取れるように、キューバ系については共和党支持の傾向が強い。また、中南米系はカトリックの割合が高いこともあって、社会的争点については共和党の主張に親和性を持つ人も多い。二〇〇〇年、二〇〇四年の大統領選挙では、テキサス州知事時代にジョージ・W・ブッシュがスペイン語を使って中南米系有権者に語りかけ、英語の公用語化方針に反対の姿勢を示したことなどもあって、一定数の中南米系が共和党のブッシュを支持した。中南米系有権者は、民主党に投票することが多いものの、民主党に強い政党帰属意識を持っているわけではない。中南米系の候補が存在する場合には、その所属政党に関わりなく、中南米系候補に投票する傾向がある。

近年ではアリゾナなど中南米系移民が急増している地域で白人による反発が起こり、合法不法を問わず移民に対する強硬な意見が前面に現れる傾向が共和党内で現れている。中南米系人口が増大しつつあるとはいえ、今日の段階では有権者の七五%を白人が占めていることを考えると、共和党候補が有権者の反移民感情に訴えるのには、一定の合理性がある。

とはいえ、今後も中南米系移民の流入が続くことを想起すれば、共和党の対応もいずれ変化を迫られることになるだろう。二〇一二年の大統領選挙に際し共和党内で、大統領候補となることに決まったミット・ロムニーとチケット(大統領候補と副大統領候補のペア)を組む副大統領候補として、ルビオを擁立しようとの動きがあった。二〇一六年の大統領選挙に関しても、二〇一六年当初にトランプに次いで第二位と第三位の支持を集めていたクルーズとルビオが、ともに中南米系であることも忘れてはならない。

また、アジア系についてはは、まだ人口がさほど大きくなく投票率も低いために、連邦レベルではあまり大きな政治的影響力を行使するには至っていない。とはいえ、地方政治においてはアジア系が大きな役割を果たしているところもある。また、エスニック・ロビイングに関する第四章で指摘したように、トランスナショナル・ポリティクスを展開するなどして、外交政策などに思いがけぬ影響を及ぼすようにもなってもいる。

このように、移民は今後のアメリカ政治のあり方を変化させる可能性が高いのである。

†移民と政党政治

これは単に、民主党と共和党のどちらの政党が優勢になるかというのにとどまるものではない。移民が政党の性格自体を変える可能性があることに注意が必要である。

アメリカの政党は綱領政党ではなく、ヨーロッパのように共産主義や保守主義などの明確なイデオロギーに基づいて組織されているのではない。アメリカの政党は様々な利益集団の連合体と言われることもあるように、大統領選挙などに際して政党が各種支持団体と一種の契約を結ぶ。それを契機として政党が大きく性格を変え、政党間の力関係が変化することも多いが、そのような変動についてはマイノリティが重要な位置を占めることが多い。

例えば、フランクリン・D・ローズヴェルト政権期に民主党が優位を確立したのは、それまでエイブラハム・リンカンの共和党を支持していた黒人が民主党へと政党帰属意識を変更させ、民主党の中核的支持者となったことによる影響も大きかった。逆に、一九八〇年代にロナルド・レーガン政権が誕生した際には、レーガン・デモクラットと呼ばれるホワイト・エスニック（いわゆるWASPでない白人）の存在に注目が集まった。従来は民主党を支持していた白人有権者のうち、民主党が徐々に非白人の政党となりつつあることに不満を抱いた人々がレーガンに投票したため、共和党が大統領選挙で大勝したわけである。以降、共和党は、本来民主党の最も重要な支持基盤であった労働者、とりわけカトリックの労働者票に大きく食い込み、民主党を守勢に立たせた。同時に、黒人差別を撤廃した一九六四年の公民権法成立をきっかけとして、南部白人（ほとんどがWASP）が民主党から共和党に支持を変えたため、南部は共和党の強固な地盤となった。

このような現象は、日本の読者には理解しにくいことかもしれない。日本で政界再編という場合には、国民とは距離のあるところで政治家の離合集散が起こっているのが一般的である。だが、アメリカの政党再編成は有権者レベルで大変動が起こっているのである。

このような大規模変動が今後近いうちに発生するかは不明だが、長期的に考えれば、マイノリティの存在がアメリカの政党の性格を変化させ、その結果アメリカの政治構造を大きく変化させる可能性もある。例えば、大統領選挙で中南米系の候補が共和党候補となり、本選挙で勝利するようなことがあれば、民主党に激震が走り、二大政党の性格も大きく変化するだろう。

今のところ、マイノリティの投票率は必ずしも高くないものの、これらの集団が政治的に活発に活動するようになり、まとまって行動するようになると、アメリカ政治のあり方が急激に変動する可能性がある。アメリカの選挙では、本選挙の前に党内の候補を選出するための予備選挙や党員集会が実施されるのが一般的だが、それらの投票率は大統領選挙の際でも低く、予備選挙が五〜一〇%程度、党員集会に至っては一〜二%のこともある。このような現状でマイノリティがまとまって行動すれば、大きなインパクトを持つだろう。

それは単にマイノリティの権利を重視する政策が優先的に採用されるようになることを意味するだけではない。マイノリティの支持獲得によって優勢となった政党が掲げる他の政策が前面に出てきて、そちらの方が結果的にアメリカ政治に大変動をもたらす可能性もある。もちろん、そのような政策の中には外交政策も含まれるので、マイノリティの政治態度の変化によって日米関係に大きな変化が起こる可能性も想定できる。日本の政策決定者や実務家も、マイノリティをめぐる政治変動に注目しておいた方がよいと思われる。

†州政府以下の動向と政策革新

アメリカ政治の変動を理解する上で州以下の政府の動向に着目することは重要である。実際、マイノリティが直接的な政治的影響を及ぼしやすいのは、地方政府のレベルである。アメリカでは選挙民としての資格を付与するのは州以下の政府の役割であり、例えば教育の分野では、カリキュラムのあり方などを決定する学校区の長の選出に際しては、不法移民であっても投票に参加できることが多い（第三章で説明したように、アメリカでは不法に滞在する子どもも中等教育までは受ける権利が認められている。連邦の選挙には不法移民が投票するのは判例上不可能である）。その結果、地方のレベルでは、一般的に想定されているのとは全く違ったメカニズムによって、全く異なった政策が採用される場合もある。

重要なのは、アメリカの場合は、州や地方レベルの政策革新が時折連邦レベルの政策革新につながる可能性があることである。日本の場合は地方自治法の規定もあって地方政府の諸政策は画一的になる傾向が強いが、アメリカの場合は地方レベルの政策的自律性が高い。また、アメリカは連邦レベルでは行政部と立法部、司法部の間で権力の抑制と均衡が成り立つように制度設計がなされているが、地方政府の場合は必ずしもそうではなく、例えば、市長の行政命令で議会の意向とは無関係に大規模な政策革新を達成できる場合もある。

日本と比べてアメリカでは、シンクタンクが発達している。そこで、シンクタンクの研究者が提示した斬新な政策案に野心的な州や地方の政治家が飛びつき、いわば「民主政治の実験場」としてその新たな政策を実施することで注目を集めたいと考える可能性がある。州知事や市長で大統領への野心を見せる者の場合は、自らが行った政策革新を選挙の際に宣伝する人も多い。大統領選挙と連邦議会選挙が独立して行われるアメリカでは、大統領の所属政党と連邦議会の多数党が異なる分割政府と呼ばれる事態が発生する可能性も高い。

仮に連邦政界で民主党と共和党の対立が激しくなり政治的膠着状態が続く場合、州や地方のレベルで突出した試みが行われ、その試みが魅力的な場合は、連邦の政治家もそのアイディアに飛びつき、地方政府が行った政策革新が連邦政府でも採用されることがありうる。州以下の政府は独創的な政策を採用する可能性がある一方で、実際に政策を執行せねばならない点で、実行可能性の高い政策をとる可能性も高いからである。

アメリカのマイノリティが州や地方政府のあり方を変え、それが連邦の政治を大きく変える可能性もあることを、我々は強く認識しておくべきであろう。

2　日本への示唆

†少子高齢化・人口減少社会

現在の日本は急激な人口減少社会に突入している。国立社会保障・人口問題研究所が二〇一二年に発表した日本の将来推計人口によると、二〇一〇年に約一億二八〇〇万人だった日本の総人口は、二〇六〇年には約八七〇〇万人に減少する。一五歳から六四歳までの人口を生産年齢人口と呼ぶが、それも約八二〇〇万人から約四四〇〇万人へと、ほぼ半減する。この人口減少は、自然増ではもはや回復できないレベルである。仮に出生率向上のための措置をとり、子育てを支援したとしても、新たな子どもが生産年齢に到達するには少なくとも一五年の歳月を要する。この未曾有の人口減少はもはや避けて通れない現実と見るべきだろう。

アジア太平洋地域の経済発展を説明する際に、人口ボーナスという考え方がしばしば用いられる。一国の人口構成で、子どもと高齢者が少なく、生産年齢人口が多い状態を指す。

豊富な労働力が存在することにより、高度の経済成長が可能になる段階である。他方、高齢化が進展する一方で、少子化などによって生産年齢人口の補充ができない状態を、人口オーナスと呼ぶ。オーナスとは重荷や負担を意味し、比率が増大する従属人口が、財政、経済成長の重荷となった状態を指す。

今日の日本が、人口オーナスの段階に入っていることは否定しようがない。日本の少子化は一九七五年から始まっているが、日本では人口に対する危機意識が希薄だった。近年、中国のGDPが日本のGDPを超えたことを問題視する人がいるが、生産年齢人口が少なくなればGDPが減少するのは自然なことである。また、経済成長をするためには内需拡大を目指すべきとの議論もしばしば聞かれるが、人口が減少する趨勢の中で内需を拡大するのは容易でない。日本企業は安い労働力を求めて海外に出て行ったが、近年では消費者すらも海外に求めているのは周知の事実である。

この現実を前提にすれば、日本が経済成長を前提としたライフスタイルを継続することは困難となる。従来のライフスタイルを転換するのは有力で魅力的な選択肢だと筆者は考えるが、今日の日本では主流の考え方とは言えない。人々がライフスタイルの転換を望まず、経済成長を以後も追求し続けようとするならば、労働力と消費者の双方を補充しなければならない。また、少子高齢化が進展し、政府の累積債務が増大する中で財政や社会保障を維持するためには、税率の大幅な上昇を望まないのであれば、納税者を増やさなければならない。このような観点から、移民を積極的に受け入れ、日本社会に定着させることが必要だと指摘されている。

†移民受け入れの必要性

好景気になれば労働力不足が生じて外国人受け入れ論議が盛んになり、不況になると議論が下火になるのは世界的な傾向である。しかし、日本社会の構造変化を踏まえると、短期的な景気の波とは無関係に移民受け入れについて積極的に検討することが必要だと言われるようになっている。

日本はこれまで、人口過密の問題を根拠として移民の受け入れに消極的だった。また、都市部の労働力についても農村部からの人口移動で対応できる、また、女性の社会進出が進めば労働力不足は起こらないと考えられた期間も長かった。

しかし、日本の生産年齢人口の減少と高齢化率の高さは先進国中でも突出している。国連の人口予測では、一九九五年の総人口を維持するためには二〇〇〇年から二〇五〇年まで毎年三四万三〇〇〇人を、生産年齢人口を維持するためには毎年六四万七〇〇〇人の移民を継続的に受け入れなければならない。アメリカなどでは、移民を受け入れるとアメリカ人の雇用が奪われるとの危惧が示されることがあるが、日本はそのようなことを言っている余裕はない。人口減少社会に突入した日本は移民の受け入れについて真剣に検討せねばならない時期に来ていると言えるだろう。

その一方、今日の日本では、移民受け入れに消極的な議論が強い。移民は国家のアイデンティティを損なうと主張する人々もいる。さすがに日本が単一民族の国であると主張する人は近年では減少しているが、日本文化の同質性の高さを主張する人々は今日でも多い。外国からの入国者と接する経験をしたことのない人は日本国内には多く、移民問題をめぐっては実態とかけ離れた議論が展開される傾向も見られる。

少子高齢化問題への対応は、対策をとってからその成果が表れるまで長い時間を要する。世界の中でも最も顕著に少子高齢化の傾向が表れている日本は、早期に対応しなければならないだろう。移民受け入れについて検討する際には、国民の感情の問題について考えるのは重要である。理念的な検討ももちろん必要である。だが、それとともに、経済、社会の現実に即した、実践的な視点に基づく検討も重要になる。その点で、アメリカの経験も参考になるはずである。

†移民受け入れに対する日米の相違

日本とアメリカでは、移民政策の意味が大きく異なっていることに注意が必要である。アメリカでは法により永住を認められた移民が存在するのに対し、日本は入国段階で永住者として外国人の在留を許可することがないので、定住型の移民を受け入れていない。

移民の定義は実は多様である。広義には、生まれたのとは異なる国に居住する人を指す（この場合は難民も移民に含まれることになる）。狭義の移民は、自発的意志に基づいて新たな国に移り住む人のことを指しており（したがって難民は含まれない）、本書の議論も基本的にはこの移民の定義に則っている。最狭義の定義では、永住を目的として入国時に永住許可を認められる外国人のみを指す場合もある。この定義に則れば、日本には移民は存在しないことになる。日本で、移民ではなく定住外国人という表現が用いられるのはそのためである。また、最近安倍首相が移民政策の導入は考えていないと宣言したのは、この最狭義の移民に関することだと考えられよう。

欧米諸国では、移民労働者を経済成長に不可欠のものと評価する時代もあった。だが、近年では逆に、移民は過剰な権利要求をして福祉財源を吸い上げる、あるいは治安を悪化させるとの批判も強まり、ポピュリズムの動きが顕在化している。実際、フランス、オーストリア、ドイツなど、ヨーロッパのいくつかの国では、移民反対、さらには排撃をスローガンに右翼政党が伸長し、あるいは一定の勢力を維持しつつある。

アメリカでも本書で明らかにしたように移民問題は全体として重要であり、深刻である。だが、基本的には、不法移民問題が焦点となるに留まっており、合法移民の受け入れに対して批判的な声も以前と比べれば強まっているとはいえ、合法移民の受け入れを禁止しようという議論にはならない。その大きな違いは認識しておく必要があるだろう。

†社会保障・年金

アメリカは移民を受け入れることによって発展してきた国だと言える。アメリカは先進国の中でも生産年齢人口が増大し続ける稀有な国だが、それは比較的若年の移民を受け入れ続けているからである。少子高齢化は全ての先進国が直面する問題だが、アメリカの場合は日本ほど緊急の課題と認識されているわけではない。

もちろん、移民を受け入れ続ければ、彼らもやがては高齢となって社会保障などの受給者になる可能性がある。また、そもそも高齢者が移民としてやってきた場合に、彼らに年金を支給しなければならないのではないかと懸念する人もいるかもしれない。

だが、第三章で詳述したように、アメリカではこの問題は大きな問題とはなっていない。

年金やメディケアを受給できるための条件として、一〇年以上、正確には四半期を四〇回以上の労働と社会保障税の負担が必要とされており、アメリカにやってきたばかりの移民は高齢者であっても、年金やメディケアの受給資格はないからである。もちろん、移民が一〇年間働き続ければ受給資格を持つようになるが、アメリカ生まれの人々と異なる扱いがされているわけではない。そもそも、アメリカの年金は二階建てとなっており、一階部分の基礎年金だけでは十分な生活を営むことができるようには設計されていない。したがって、基礎年金の受給を当てにして移民がやってくることは、合理的に考えればないはずである。

この点については、アメリカでは生存権の規定が憲法に存在せず、国家が「健康で文化的な最低限度の生活」を保障する必要がないことが、日本との制度的な相違として存在する。日本の場合は生存権の保障が憲法上の前提とされていることが、移民受け入れのための障害になっている可能性もあるかもしれない。移民にも健康で文化的な最低限度の生活が保障されるならば、それを求めて日本に移民してくる人が登場するかもしれない。日本でアメリカのように生存権の規定を削除することはおそらく考えられないが、移民を積極的に受け入れる場合に、彼らに対してどの程度の生活保障をするべきかについて議論する必要があるだろう。

†社会統合政策

外国人の受け入れの問題を考える上では、単に出入国管理について考えるだけではなく、社会統合政策を構想することが不可欠である。

論者によっては、その先にさらに多文化主義政策を追求すべきだとの立場も存在する。その立場に立つ論者は、外国人（移民）受け入れ政策は、同化政策─統合政策─多文化主義政策という発展パターンをとるべきだと論じている。ただし、多文化主義というのは、単に各集団の文化やアイデンティティの重要性を社会的に承認することなのか、各集団の権利を法的に承認することまで含むのかなど様々な論点が存在しており、その意味するところは一様でない。

日本では、移民や外国籍の人口の割合が低いこともあり、時に多文化共生の理念が示されることがあるものの、それは日本人と「その他の人々」（日本国籍を有していても外国文化を背景に持つ人を含む）の共生を目指そうとするものであって、それぞれの民族や文化的背景の相違を念頭に置いた議論に必ずしもなっていない点で、諸外国で論じられている多文化主義とは性格が異なる場合も多い。日本でも、積極的に社会統合政策のあり方について検討する必要があるだろう。

†社会的流動性とアメリカン・ドリーム

アメリカでも移民受け入れに際し、少なからず問題を伴ってきた。特別な技能を持ってきた一部の人を除き、多くの移民が、当初は社会的には底辺に近いところから出発しており、彼らが貧困に伴う様々な社会問題を惹起したのも事実だった。

しかし、その問題の多くは移民とその子どもたちが社会階層を徐々にのぼっていくことによって解消されてきた。移民であっても、真面目に働きさえすれば、社会・経済的地位を向上させることができる。仮に移民一世は貧しくても、その子どもたちは豊かになれる。社会的流動性の高さを前提とした、このようなアメリカン・ドリームが、移民たちの間で共有されていた。

アメリカで移民が社会的に上昇する方法は、時代に応じて大きく変わってきた。一九世紀や二〇世紀初頭の、政治マシーンが活発に活動していた時代には、パトロネージで公務員の職が提供されたことが大きな要因だった。第一次世界大戦期のイタリア系など、戦争に参加することでアメリカへの忠誠を示し、それが評価されたことが社会的上昇のきっかけとなったこともあった。

一方、社会の多数派から弾圧されたマイノリティが、マフィアなどの形で団結し、イタリア系のアル・カポネなどが若者たちのロール・モデルとなったこともあった。しかし、マフィアも永続的な組織となったわけではなかった。イタリア系についても、合法的な方法で社会・経済的地位を向上させる人が増大し、また、イタリア系に対する差別や排除が弱くなっていくにつれて、マフィアの影響力は減少した。

移民受け入れに伴い、マイノリティが一時的に反社会的団体を組織する可能性はあるかもしれない。だが、社会的流動性があり、マイノリティが社会の底辺にとどまり続けることがないようにすれば、そのような問題も消失することがわかるだろう。

恵まれない状況に置かれている人々は採りうる選択肢が限られていて、社会から排除されやすくなり、結果的に社会に背を向けてしまう可能性がある。それに伴う問題は多数派の側にも跳ね返ってくる。したがって、移民を受け入れることを決めた場合には、彼らの社会・経済的地位が最底辺のものにとどまり続けることがないよう、一定のサービスを提供することが、彼らのためだけではなく日本国民のためにも必要である。

今日、全世界的に格差社会化する傾向が強まっており、日本もその例外ではない。社会的流動性を高める、少なくとも、底辺にいる人々が社会的地位を向上させることのできるためのシステムを構築していくことは、移民問題をわきに置くとしても、日本社会の重要課題であるはずである。

†日本の現状――技能実習生問題

日本は、専門的分野、技術的分野以外の、いわゆる単純労働者の受け入れは原則禁止している。ただし、実際には、日系ブラジル人をはじめとする日系人を定住者として受け入れてきた。また、一九九三年には外国人研修・技能実習制度を導入して、アジアからの技能実習生を活用することで、人手不足を補ってきた。

二〇二〇年の東京オリンピックに向けて、建設労働者の不足も予想される。だが、日本政府は技能実習制度の拡大で対応する方針を示している。介護人材の不足についても、同様の方針が示されている。地方自治体や地域社会の中には、それらの人々を積極的に受け入れようとする動きもある。

技能実習生の来日は、アメリカへの移民と同様に自由意思に基づくものではある。だが、その多くは、多くの日本人がつきたがらない職種についている。技能実習生には選択の自由がなく、勤務先を変更することはできない。圧倒的な経済格差の中で移動を選択し、日本国内で労働基準法の規定が適用されない状態で労働を強いられているのが現状である。この制度を人権団体が一種の人身売買ととらえて批判するのは、故なきことではない。アメリカ国務省が発表している人身売買報告書で日本はティア・ツー（基準は満たさないが努力中）という評価がなされている。先進七カ国中、基準を満たしたと評価されるティア・ワンでないのは日本だけである。

今は日本と途上国の間に経済格差があるから外国人労働者が来るかもしれないが、彼らを安く使うことのみを考えて、その労働条件や環境を改善しなければ、長期的には外国人受け入れに負の影響をもたらす。また、国際貢献や技術移転を目的としている以上、無期限に滞在を延長することは制度上あり得ないことになる。しかし、福祉や介護の分野で人材が不足するのは、一時的な現象ではない。以後も長期にわたり、人材が不足するはずである。そのような役割を担ってくれる人材には、日本社会に定着してもらう方が好ましいのではないだろうか。

日本にとって必要な人に来てもらうわけであるから、彼らが日本社会で周辺化されることなく暮らせるような制度や環境を整えるのは当然であろう。国際貢献の美名のもとで受け入れた人を、低賃金で酷使するのとは違う方式を導入して、アメリカと同様な移民として受け入れる方がよいだろう。その際には、彼らの人権を尊重すべきことは言うまでもない。能力がある人には他業種で働き、社会・経済的地位を向上させることを可能にしなければならないだろう。

†まずは制度改善を

なお、日本で移民政策というと、以後外国人をどれだけ受け入れるかということに焦点が当たりがちだが、今日、日本にはすでに二百数十万の外国人が合法的に居住している。また、日本にはすでに八〇〜九〇万人の外国人が働いている。帰化した人や、親の一人が外国人という日本国籍の子どもも加えると、外国につながりを持つ居住者は三〇〇万を超えるとも言われている。

このように見ると、これから移民政策を始めるというのは、すでに実態に合っていないとも言える。日本の外国人受け入れ政策は、すでに受け入れた人についての制度を改善していくことから始めるのが妥当ではないだろうか。外国人技能実習制度についても、三年で必ず帰すのではなく、優秀な人には在留資格を更新する、さらには、就労を可能にする在留資格を与えて、究極的には日本社会への定着を可能にする制度を構築することを検討するべきではなかろうか。

また、医療・福祉分野の人材難も、以後予想されている。介護福祉士や看護師、さらには医師が日本に来やすい環境を作ること、究極的には、看護師等の資格の相互認定も念頭に置いて考慮する必要があるように思われる。

途上国でそれらの資格を持つ人々は、当然高水準の能力を持っており、その点についてプライドもある。もちろん、国の相違がある以上は一定の調整が必要になるだろう。来日に伴って、新たに技能を身に着けてもらわなければならないこともあるかもしれない。しかし、看護師、介護士となることを念頭に置いて来日した人々の誇りを傷つけることがないように、資格ナショナリズムを徐々に緩和していくことが必要ではないだろうか。

†グローバル人材の育成と言語、教育

今日、アメリカでマイノリティが社会的地位を向上させる上で最も重要な要因は、教育だろう。アメリカでは成績等に応じて多様な奨学金が整備され、出自にかかわらず、力があれば社会的に上昇することが可能になるようなシステムを作り上げてきた。アメリカの高等教育機関の授業料は高いが、良いパフォーマンスを示した人に対する授業料免除や減免措置が存在している。アメリカの高等教育機関には世界から有能な人材が集まっており、留学を機としてアメリカに定住したり、国籍を取得したりする人もいる。

グローバル人材、とりわけ、高度人材を獲得することは、日本にとって重要な課題である。大学や企業の研究所で働くような、あるいは医師のような高度な技能・技術を持つ人材をめぐっては、人材獲得競争が世界的に激化している。これらの高度な人材は条件の良

いところに移ってしまう傾向があるので、自然環境や治安の良さを誇る日本は、それに加えて、子育て支援などの定住外国人に対する法制度の整備をする必要があるだろう。高度人材に対する各種支援を整備することは、外国からの人材に日本に定着してもらうことだけでなく、日本人の高度人材が海外に流出しないようにするためにも重要である。

グローバル人材の育成に関しても、日本の高等教育機関で様々な試みがなされている。今日、留学生や高度な人材を外国から連れてきて、彼らの能力を開発するために英語で教育を行うことが当然のように社会的に要請されている。それに加えて、すでに日本国内に居住している、海外にゆかりのある人の能力を増大させることにもっと積極的に取り組んでよいはずである。

また、彼らに日本社会に定着して活躍してもらうためには、日本語での教育を充実させて、仕事の場でもしっかりとした日本語を使えるようになってもらう方がよいだろう。なお、海外から能力のある留学生を受け入れるためには、卒業後の就職環境を整えるなど、彼らにとって魅力ある仕組みを作り出すことが必要である。その場合も、日本語を前提にした教育システムの中で教育を受けてもらうことが、日本に高度人材を定着させる上で重要になる。

仮に、高度人材が長期にわたり日本に定住しなかったとしても、彼らに日本語を身に着けてもらうことは重要である。彼らが比較的短期のうちに出身国に帰ることを想定している場合でも、日本社会で一定の活躍をした上で、仮に本国に帰った場合には知日派になっているという状況を作り出すのが理想だろう。

近年、日本でもアジア人留学生を積極的に受け入れる大学が増えているが、彼ら留学生は本国ではエリートとなる可能性が高い。その一部に日本に定着してもらい、直接的に日本社会に貢献してもらうことも必要だが、出身国に帰る人々を知日派に育て上げ、長いスパンで彼らの持つネットワークを有効に活用できるようにしていくことも必要である。知日派になり、出身国と日本の架け橋となってもらうことは、強制して可能になるようなものではない。日本語学校の留学生を含めて、文部科学省と経済産業省などが協力する形で、日本の魅力を発信し、理解してもらえる仕組みを作り上げることが必要だと思われる。

近年、アメリカで中南米系の存在が問題として認識されている一つの理由は、彼らが出身国への帰国を念頭に置くなどして、英語を身に着けようとしないからであった。日本の場合も、ブラジルやペルーから日系人が出稼ぎに来る場合、数年働いて帰国することを想定していた。しかし、出稼ぎ期間が当初の想定を超えて十年以上に及ぶ場合もある。日本に定住すると想定していない場合は、子どもは出身国の言語を身に着けた方がよいと考えるのが自然であるため、子どもに日本語に習熟させようとする誘因を持たない。技能実習生として来日する人も、日本に長期滞在するわけではない（そもそもできない）ので、日本語を本格的に学ぼうとする可能性は低いだろう。

日本では、日本語以外を使って生活するのには多くの困難を伴う。したがって、日本が移民を受け入れる場合でも、日本に定住してもらうとともに、日本語を身に着けてもらえるようにすることが重要になる。言語等の問題を抱える人々への対応を、これまでは地方自治体が行ってきたが、それには限界がある。入国条件を緩めて外国人を入れる決定をしたのは中央政府なのだから、中央政府が何らかの対応をすることが重要だろう。

日本社会では、入国者がいずれ出身国に戻ること、あるいは、完全に帰化して日本人となることのいずれかを無意識のうちに想定している。日本社会で成功している、外国に関連を持つ人を称賛する言葉として、「日本人以上に日本人らしい」との表現が用いられることがある。しかし、すでに日本でも外国に起源を持つ人々が社会的な存在感を示しつつあることを考えても、日本文化（とされるもの）にどっぷりとつかることを半ば強制するのではなく、そのライフスタイルをある程度尊重して長期的な共存を目指すのが自然ではなかろうか。

†犯罪・社会不安・住居

異なる背景を持つ人を受け入れるからには、何らかの摩擦が発生するのはやむを得ない。中でも、外国人や移民が増えれば治安が悪化するのではないかとの懸念がしばしば示されている。

だが、外国人や移民と犯罪の関係については、評価が難しく、冷静な判断が必要である。アメリカでは、移民に関する犯罪は今日では大幅に増大している。しかし、第三章で説明したように、それは移民としてアメリカに来た人が犯罪を実行しているからではなく、かつては行政法の対象とされてきた人々を刑事法の枠組みで取り扱うようになったことの結果である。一部の中南米系移民の中に麻薬取引などに従事している人がいるのは間違いないが、中南米系移民の犯罪率がとりわけ高いという証拠は存在しない。

日本でも外国人犯罪の増加がしばしば強調されている。例えば『警察白書』でも、高齢者による犯罪と並んで外国人犯罪が増大したことが指摘されてきた。日本で外国人犯罪が増大したことは間違いない事実だが、かつて増大したピッキングによる侵入盗犯や薬物の密売人、あるいは、自動車やその部品を盗んで海外に売り出そうとする国際シンジケート団を想起すればわかるように、いわば犯罪をするために短期的に入国した外国人による犯罪が外国人犯罪率を押し上げていることに注意する必要がある。

そのような目的を持たない一般的な外国人、例えば、出稼ぎ労働者や、結婚や就労を通して日本に定住しようとしている人々の犯罪率が高いという証拠はない。差別的な労働条件などを設定したりせずに、彼らの生活基盤を整えるなどの条件整備をすれば、一定数の移民の入国を認めたとしても日本の治安が悪化するとは考えにくい。

もちろん、定住外国人が罪を犯さないということではない。社会からドロップアウトしてしまった人が犯罪に着手することを正当化しやすいのは、国籍を問わず一般的に見られる現象である。移民などのマイノリティを排除する仕組みを作らないことが必要である。

近年、日本でも多文化共生の理念が打ち出されることが多くなってきてはいるが、来日外国人の受け入れ体制が整っているとは言えず、例えば雇用問題や社会保障、教育、医療、居住に関する環境整備などについてはほとんど対策がとられていない。

中でも、住居をめぐる問題は、共生や治安の問題と関連付けて論じられることが多い。日系人を貴重な労働力として積極的に受け入れている（いた）地域でも、単純労働に従事する日系人に対する入居差別が行われた。その結果、彼らは入居差別がなく、礼金や仲介手数料などが不要な公営住宅や都市機構の賃貸住宅に居住することが多い。

日系人の居住率が大幅に増大するようになると、日本人がそれらの住宅に居住しなくなる一方で、日系人がそれらの住宅により多く集住する傾向が強まる。このような事態が続いた結果、一部地域では日系人が公共サービスを悪用しているなどの反発が強まっているのが現状である。そのような認識が強まり、日系人に対する反発が強まっていくと、日系人が他の住宅に居住することはいっそう困難になる。居住空間が分離されると、生活スタイルや文化の違いに伴って、その集住地域は近寄りがたい地域という認識が強まり、社会不安が増大してしまうのである。

長期にわたり日本に滞在することになった日系人が社会的に上昇できるようなシステムが構築されていないこともあり、彼らが低い社会階層に留まる可能性は高い。経済状況と犯罪率は、国籍とは関係なく相関すると考えられるので、外国人犯罪を減少させるためには、外国人や移民が社会・経済的に上昇することを可能にするための条件を整えることが必要である。

†エスニック・ロビイングと二重忠誠、ヘイトスピーチ

日本で、アメリカの移民問題について言及される頻度が一番高いのは、ひょっとすると従軍慰安婦決議等をめぐるコリア系の活動についてかもしれない。この問題について、日本の一部報道が過剰であることは第四章を読めばわかるだろうが、移民を積極的に受け入れるようになると、エスニック・ロビイングの問題が発生する可能性はある。これは、アルメニア系やユダヤ系の問題との関係でも指摘した通りであり、しばしばトランスナショ

ナル・ポリティクスの様相を呈して、国益を害する決定につながる可能性もある。また、メキシコ系の問題について指摘したように、二重忠誠の問題を巻き起こす可能性もある。

だが、その可能性を過大評価してはならないとも言える。日本で二重忠誠の問題が論じられる際には、例えば中国や朝鮮半島出身の人が日本の一部地域を乗っ取ってしまうというような乱暴な議論がしばしばなされる。その際、朝鮮半島出身者が多い新大久保などの街がしばしば引照された。新大久保では、ヘイトスピーチがなされたりもした。なお、ヘイトスピーチとは、人種、国籍、宗教、性的指向、性別、障碍など、本人の責に帰すことができず、それを能動的に変えることが困難な特性に基づいて、個人または集団を攻撃、脅迫、侮辱したり、他人をそのように煽動したりする言論を指す。

しかし、新大久保にいる韓国の人々は、実際の日本人との交流を経て日本のことをよく知っているし、親日的な人々が大半である。そのような人々は、日韓の相互理解を深める上で重要な役割を果たしてくれる可能性がある。そのような人に対して、出て行けと言うのは本末転倒である。

また、教育の内容について、朝鮮学校の問題などを念頭に置いて、日本の一般的な学校で行われているのとは異なる教育が行われると危惧する人もいる。アメリカで、不法移民が多い地域で、初等・中等教育がスペイン語で行われたりしていることを知ると、不安を強める人もいるかもしれない。しかし、教育内容を学校区単位で決定できるアメリカと違い、日本の場合は、中央政府による検定を経た教科書を用いて教育を受けることになっている。アメリカと違い、日本には国語が存在している。このような制度的な相違を踏まえずに、過剰な心配をするのは避けるべきである。

†転換期にある日本の移民政策

先ほど述べたように、人口減社会となった日本では生産労働人口が低下しているし、製造業、農業、水産業、林業の担い手や介護人材が不足している。これまでのライフスタイルの変容を望まないのであれば、今後、移民受け入れを有力な選択肢として考えることが必要になるだろう。

現在、日本には数多くの外国人が居住し、その多くが就労しているにもかかわらず、移民（外国人）の受け入れ拡大に向けての国民的合意が存在しているとは言いがたい。治安悪化を理由に懸念を示す人も多く、海外で移民がテロを起こすようなことがあれば、その不安は過剰に強調されるようになる。

外国人集住地域では、当初は生活習慣の違いを背景に軋轢《あつれき》が起こるのは、ある程度やむを得ないかもしれない。だが、それは日本側が外国人の受け入れ態勢を十分に整えることができていない結果という側面もある。移民や外国人の存在は、新しい刺激や活力をもたらす可能性がある。単なる労働力の補充というのではなく、日本社会を豊かにする可能性を秘めた存在として、移民を受け入れることを検討してもよいのではないだろうか。

国境を越えた人口移動は、世界的には活発に行われている。日本は島国であることもあり、諸外国と比べてその現実に直面する度合いが低いのは事実である。だが、世界の現状を踏まえて、日本も移民受け入れについて検討するべき時期になっていると言えよう。その際には、単に移民をどれだけ受け入れるかというだけではなく、多文化共生の社会システムを作り出すことも併せて検討する必要があるだろう。

あとがき

東京財団からの支援を受けて、久保文明先生、松岡泰先生と共編著で二〇一二年に『マイノリティが変えるアメリカ政治――多民族社会の現状と将来』（NTT出版）を出版して以降、アメリカの移民問題について、テレビなどのマス・メディアで解説を求められたり、学会や研究会などで話したり原稿を書いたりする機会をいただいている。そして、この度は伝統あるちくま新書から出版の機会を与えていただいた。誠に光栄というより他はない。

だが、筆者は学術的な専門という意味では移民問題の専門家では必ずしもない。強いて言えば、筆者はラトガーズ大学大学院への留学中に、移民政策の専門家であるダニエル・J・ティシェナー先生の演習（ただし移民問題ではなく、大統領政治の演習）と、マラ・シドニー先生の演習に参加したことがあるくらいで、移民問題について本格的に研究するための訓練を受けたことはない。筆者がより専門としている社会福祉政策や犯罪政策との関係で、移民問題についても研究するようになったというのが実体に近い。移民研究は非常に多くの蓄積があり、アメリカのみならず、日本においても、筆者よりもはるかに緻密な研究をしている方がおられる。本書で筆者が試みたのは、素晴らしい先行研究のいくつかに依拠しつつ、全体の見取り図を示すことであった。

近年では、アメリカ政治についての情報は膨大な量に達しており、書店を訪れても、アメリカ政治に関する著作を見つけるのは容易である。だが、その中には、明確に誤った情報を多く含んでいたり、あるいは、事実関係は間違っていないにしても、アメリカ政治の文脈やメカニズムを無視してその著者が作り上げた独特の文脈の中に無理やり位置づけていたりするような、知的誠実性を疑わざるを得ないものが散見される（しかも、そのような本の方が売れ行きが良いと聞いている）。そのような著作が読者の好奇心を掻き立て、物事に対する斬新な見方を提供することもあるかもしれないが、それはアメリカに対する偏見を強め、真の国際理解にとって妨げになる可能性があると言えよう。

本書は、移民大国アメリカの現状とその課題を、様々な学問領域を横断しつつ、アメリカ政治一般の文脈の中に位置づけようとした試みである。もとより、様々な分野の専門家にとっては不十分な記述が見られるであろうことは筆者も承知している。本書の内容を通して関心を持った方、逆に、本書の内容に不満を感じた方は、参考文献などを参照して、さらに考察を続けていただければと願っている。

本書を執筆するに及び、多くの方に大変なお世話になった。中でも、『マイノリティが変えるアメリカ政治』で筆者を共編著に加えてくださった久保先生、松岡先生には、様々なご教示をいただいた。また、共著部分で筆者が執筆した部分の転載をお認めいただくなど、寛大なご配慮をいただいた。飯田文雄先生を中心とする、多文化共生社会のあり方をめぐる科学研究費プロジェクトの先生方にも、幅広い問題について考察するためのきっかけを与えていただいている。本書第二章のもとになった原稿を執筆する機会を与えてくださった日本国際問題研究所のプロジェクトのメンバーの先生方にも、多大な恩恵をいただいている。遠藤誠治学部長をはじめとする成蹊大学法学部の先生方には、楽しく研究することの重要性を教えていただくとともに、それを可能にする環境を整えていただいている。ここで言及することのできなかった先生方も含め、これまで様々な形で筆者と関わってくださった皆様に、心よりお礼を申し上げたい。

この著書は、社会福祉政策、移民・多文化共生問題、犯罪政策、選挙など、筆者が研究代表者として、あるいは研究分担者として関与した諸々の科学研究費補助金プロジェクトの成果を取り入れたものである。学術的研究の成果を社会に還元する機会が与えられたのは、筆者にとっても幸いである。

本書は、ちくま新書編集長の松田健さんとの語り合いの中から生まれた。筆者と松田さんは、大学時代からの知人であり、松田さんが出版社に入った時に筆者は、いつか松田さんに担当していただいて本を出したいと思ったものである。その夢が思いの外早く実現したことに感謝している。

西山隆行

主要参考文献

筆者によるもの（本書執筆にあたり、以下の文章を利用しているところがある）

『アメリカ政治――制度・文化・歴史』（三修社、二〇一四年）。

「犯罪対策の強化と保守派の主導」五十嵐武士／久保文明編『アメリカ現代政治の構図――イデオロギー対立とそのゆくえ』（東京大学出版会、二〇〇九年）。

「アメリカの政策革新と都市政治」日本比較政治学会編『都市と政治的イノベーション』（ミネルヴァ書房、二〇一〇年）。

「移民政策と米墨国境問題――麻薬、不法移民とテロ対策」久保文明／松岡泰／西山隆行／東京財団「現代アメリカ」プロジェクト編『マイノリティが変えるアメリカ政治――多民族社会の現状と将来』（NTT出版、二〇一二年）。

「福祉政策と移民――一九九六年の個人責任就労機会調停法ならびに不法移民改革移民責任法をめぐって」久保他編『マイノリティが変えるアメリカ政治』。

「むすびにかえて――マイノリティが変えるアメリカ政治と日本への示唆」（松岡泰氏と共著）久保他編『マイノリティが変えるアメリカ政治』。

「二〇一二年アメリカ大統領選挙とマイノリティ――政党政治のゆくえ」『甲南法学』第五三巻四号（二〇一三年）。

「アメリカの移民政策における安全保障対策と不法移民対策の収斂」『甲南法学』第五四巻一・二号（二〇

一三年)。

「自由主義レジーム・アメリカの医療保険・年金・公的扶助」新川敏光編『福祉+α8 福祉レジーム』(ミネルヴァ書房、二〇一五年)。

「米国政治における移民問題の影響」平成二七年度日本国際問題研究所プロジェクト「国際秩序動揺期における米中の動勢と米中関係」サブプロジェクトI「米国の対外政策に影響を与える国内的諸要因」研究会(米国研究会)報告書。

「アメリカの多文化主義と社会福祉政策」飯田文雄編『多文化主義の政治学』(法政大学出版局、近刊予定)。

本書全体に関するもの

久保文明/松岡泰/西山隆行/東京財団「現代アメリカ」プロジェクト編『マイノリティが変えるアメリカ政治——多民族社会の現状と将来』(NTT出版、二〇一二年)。

サミュエル・ハンチントン(鈴木主税訳)『分断されるアメリカ——ナショナル・アイデンティティの危機』(集英社、二〇〇四年)。

五十嵐武士編『アメリカの多民族体制——「民族」の創出』(東京大学出版会、二〇〇〇年)。

油井大三郎/遠藤泰生編『多文化主義のアメリカ——揺らぐナショナル・アイデンティティ』(東京大学出版会、一九九九年)。

ロナルド・タカキ(富田虎男監訳)『多文化社会アメリカの歴史——別の鏡に映して』(明石書店、一九九五年)。

高佐智美『アメリカにおける市民権——歴史に揺らぐ「国籍」概念』(勁草書房、二〇〇三年)。

第一章

デイヴィッド・A・ホリンガー（藤田文子訳）『ポストエスニック・アメリカ――多文化主義を超えて』（明石書店、二〇〇二年）。

ネイサン・グレイザー／ダニエル・P・モイニハン（阿部齊／飯野正子訳）『人種のるつぼを越えて――多民族社会アメリカ』（南雲堂、一九八六年）。

ジョン・ハイアム（斎藤眞／阿部齊／古矢旬訳）『自由の女神のもとへ――移民とエスニシティ』（平凡社、一九九四年）。

ヴィンセント・N・パリーロ（富田虎男訳）『多様性の国アメリカ――変化するモザイク』（明石書店、一九九七年）。

古矢旬『アメリカニズム――「普遍国家」のナショナリズム』（東京大学出版会、二〇〇二年）。

マイケル・ウォルツァー（古茂田宏訳）『アメリカ人であるとはどういうことか――歴史的自己省察の試み』（ミネルヴァ書房、二〇〇六年）。

大津留（北川）智恵子／大芝亮編『アメリカのナショナリズムと市民像――グローバル時代の視点から』（ミネルヴァ書房、二〇〇三年）。

貴堂嘉之『アメリカ合衆国と中国人移民――歴史のなかの「移民国家」アメリカ』（名古屋大学出版会、二〇一二年）。

Daniel J. Tichenor, *Dividing Lines: The Politics of Immigration Control in America,* (Princeton: Princeton University Press, 2002).

Aristide R. Zolberg, *A Nation by Design: Immigration Policy in the Fashioning of America,* (Cambridge: Harvard University Press, 2006).

Matthew Frye Jacobson, *Whiteness of a Different Color: European Immigrants and the Alchemy of Race,*

(Cambridge: Harvard University Press, 1998).

第二章

ケン・エリングウッド（仁保真佐子訳）『不法越境を試みる人々――米国・メキシコ国境地帯の生と死』（パーソナルケア出版部、二〇〇六年）。

Daniel J. Tichenor, "Splitting the Coalition: The Political Perils and Opportunities of Immigration Reform," Martin A. Levin, Daniel DiSalvo, & Martin M. Shapiro eds., *Building Coalitions, Making Policy: The Politics of the Clinton, Bush, and Obama Presidencies*, (Baltimore: Johns Hopkins University Press, 2012).

John D. Skrentny, "Obama's Immigration Reform: A Tough Sell for a Grand Bargain," Theda Skocpol, & Lawrence R. Jacobs, eds., *Reaching for a New Deal: Ambitious Governance, Economic Meltdown, and Polarized Politics in Obama's First Two Years*, (New York: Russell Sage Foundation, 2011).

Zoltan L. Hajnal, & Taeku Lee, *Why Americans Don't Join the Party: Race, Immigration, and the Failure (of Political Parties) to Engage the Electorate*, (Princeton: Princeton University Press, 2011).

Marisa Abrajano, & Zoltan L. Hajnal, *White Backlash: Immigration, Race, and American Politics*, (Princeton: Princeton University Press, 2015).

Matt A. Barreto, *Ethnic Cues: The Role of Shared Ethnicity in Latino Political Participation*, (Ann Arbor: University of Michigan Press, 2010).

Luis R. Fraga, John A. Garcia, Rodney E. Hero, Michael Jones-Correa, Valerie Martinez-Ebers, & Gary M. Segura, *Latinos in the New Millennium: An Almanac of Opinion, Behavior, and Policy Preferences*, (New York: Cambridge University Press, 2011).

Tony Payne, *The Three U.S.-Mexico Border Wars: Drugs, Immigration, and Homeland Security*, (Westport: Praeger Security International, 2006).
Peter Andreas, *Border Games: Policing the U.S.-Mexico Divide*, [second edition] (Ithaca: Cornell University Press, 2009).
Joseph Nevins, *Operation Gatekeeper and Beyond: The War on "Illegals" and the Remaking of the U.S.-Mexico Boundary*, (New York: Routledge, 2010).
Tom Barry, *Border Wars*, (Cambridge: The MIT Press, 2011).
Joseph H. Carens, *Immigrants and the Right to Stay*, (Cambridge: The MIT Press, 2010).
Rogers M. Smith, "Living in a Promised Land? Mexican Immigration and American Obligations," *Perspectives on Politics* 9-3 (2011).
Paul Taylor, and D'Vera Cohn, "A Milestone En Route to a Majority Minority Nation," *Pew Social & Demographic Trends*, November 7, 2012.
"On Immigration Policy, Wider Partisan Divide Over Border Fence Than Path to Legal Status: 60% of Public Opposes Ending 'Birthright Citizenship,'" Pew Research Center, October 8, 2015.

第三章

松岡泰「移民問題の諸相——移民送り出し国の移民対策を中心に」久保他編『マイノリティが変えるアメリカ政治』。

大津留（北川）智恵子「マイノリティの包摂と周縁化——移民を起源とするマイノリティ集団」久保他編『マイノリティが変えるアメリカ政治』。

菅原和行「現代アメリカの行政機関とマイノリティ集団——多民族社会における官僚制のあり方とは」久

保他編『マイノリティが変えるアメリカ政治』。

賀川真理「カリフォルニア州におけるドリーム法の成立に関する一考察——州政府がなぜ今、非合法移民学生の支援を目指すのか」久保他編『マイノリティが変えるアメリカ政治』。

松岡泰「黒人社会の多元化と脱人種の政治——一九九〇年代以降を中心に」久保他編『マイノリティが変えるアメリカ政治』。

天野拓「マイノリティと医療保険改革——オバマ政権の医療改革を中心に」久保他編『マイノリティが変えるアメリカ政治』。

石塚道子「世界化する都市とカリブ海系移民」五十嵐武士編『アメリカの多民族体制』(東京大学出版会、二〇〇〇年)。

松岡泰『アメリカ政治とマイノリティ——公民権運動以降の黒人問題の変容』(ミネルヴァ書房、二〇〇六年)。

賀川真理『カリフォルニア政治とラティーノ——公正な市民生活を求めるための闘い』(晃洋書房、二〇一一年)。

川島正樹『アファーマティヴ・アクションの行方——過去と未来に向き合うアメリカ』(名古屋大学出版会、二〇一四年)。

山岸敬和『アメリカ医療制度の政治史——二〇世紀の経験とオバマケア』(名古屋大学出版会、二〇一四年)。

George Borjas, *Heaven's Door: Immigration Policy and the American Economy,* (Princeton: Princeton University Press, 1999).

Michael E. Fix, ed., *Immigrants and Welfare: The Impact of Welfare Reform on America's Newcomers,* (New York: Russell Sage Foundation, 2009).

Marie Gottschalk, *Caught: The Prison State and the Lockdown of American Politics,* (Princeton: Princeton University Press, 2015).

第四章

ジョン・J・ミアシャイマー／スティーヴン・M・ウォルト（副島隆彦訳）『イスラエル・ロビーとアメリカの外交政策Ⅰ・Ⅱ』（講談社、二〇〇七年）。

佐藤唯行『アメリカはなぜイスラエルを偏愛するのか』（新潮文庫、二〇〇九年）。

ケント・E・カルダー（ライシャワー東アジア研究センター監訳）『ワシントンの中のアジア――グローバル政治都市での攻防』（中央公論新社、二〇一四年）。

国本伊代編『現代メキシコを知るための六〇章』（明石書店、二〇一一年）。

後藤政子／樋口聡編『キューバを知るための五二章』（明石書店、二〇〇二年）。

山岡加奈子「米国におけるキューバ人ディアスポラ――特別な地位から同化へ」駒井洋監修『ラテンアメリカン・ディアスポラ』（明石書店、二〇一〇年）。

藤田文子『アメリカ文化外交と日本――冷戦期の文化と人の交流』（東京大学出版会、二〇一五年）。

渡辺靖『文化と外交――パブリック・ディプロマシーの時代』（中公新書、二〇一一年）。

古屋博子『アメリカのベトナム人――祖国との絆とベトナム政府の政策転換』（明石書店、二〇〇九年）。

James M. McCormick, "Ethnic Interest Groups in American Foreign Policy," James M. McCormick ed. *The Domestic Sources of American Foreign Policy: Insights and Evidence,* [sixth edition] (Lanham: Rowman & Littlefield, 2012).

Ronald J. Hrebenar, & Clive S. Thomas, "The Japanese Lobby in Washington: How Different Is It?" Allan J. Cigler, & Burdett A.Loomis, *Interest Group Politics,* [fourth edition] (Washington, D.C.: C.Q.

Press, 1995).
Ronald J. Hrebenar, Valerie Ploumpis, & Clive S. Thomas, "What Happened to the Japanese Lobby in Washington? The Decline of the Japan Lobby and the Rise of the New China Lobby," Allan J. Cigler, & Burdett A.Loomis, *Interest Group Politics*, [seventh edition] (Washington, D.C.: C.Q. Press, 2007).
Ronald J. Hrebenar, & Clive S. Thomas, "The Rise and Fall and Rise of the China Lobby in the United States," Allan J. Cigler, & Burdett A.Loomis, *Interest Group Politics*, [eighth edition] (Washington, D.C.: C.Q. Press, 2011).
David M. Paul & Rachel Anderson Paul, *Ethnic Lobbies and US Foreign Policy*, (Boulder: Lynne Rienner, 2008).
Roger Waldinger, *The Cross-Border Connection : Immigrants, Emigrants, and Their Homelands*, (Cambridge : Harvard University Press, 2015).
Renshon, Stanley A., *The 50% American: Immigration and National Identity in an Age of Terror*, (Washington, D.C.: Georgetown University Press, 2005).
Janelle Wong, S. Karthick Ramakrishnan, Taeku Lee, & Jane Junn, *Asian American Political Participation: Emerging Constituents and Their Political Identities*, (New York: Russell Sage Foundation, 2011).
Andrew Aoki, & Okiyoshi Takeda, *Asian American Politics*, (Cambridge: Polity, 2008).

第五章

井口泰『外国人労働者新時代』（ちくま新書、二〇〇一年）。

川村千鶴子／近藤敦／中本博皓編『移民政策へのアプローチ――ライフサイクルと多文化共生』（明石書

店、二〇〇九年）。

近藤敦編『多文化共生政策へのアプローチ』（明石書店、二〇一一年）。

毛受敏浩『人口激減──移民は日本に必要である』（新潮新書、二〇一一年）。

麻野雅子「日本におけるポピュリズムと『外国人問題』──その距離をめぐって」河原祐馬／島田幸典／玉田芳史編『移民と政治──ナショナル・ポピュリズムの国際比較』（昭和堂、二〇一一年）。

『なぜ今、移民問題か』（別冊『環』二〇、藤原書店、二〇一四年）。

エリン・エラン・チャン（阿部温子訳）『在日外国人と市民権──移民編入の政治学』（明石書店、二〇一二年）。

樋口直人『日本型排外主義──在特会・外国人参政権・東アジア地政学』（名古屋大学出版会、二〇一四年）。

ちくま新書
1193

移民大国《いみんたいこく》アメリカ

二〇一六年六月一〇日　第一刷発行

著者　西山隆行（にしやま・たかゆき）

発行者　山野浩一

発行所　株式会社　筑摩書房
東京都台東区蔵前二-五-三　郵便番号一一一-八七五五
振替〇〇一六〇-八-四一二三

装幀者　間村俊一

印刷・製本　三松堂印刷　株式会社

乱丁・落丁本の場合は、左記宛にご送付ください。
送料小社負担でお取り替えいたします。
ご注文・お問い合わせも左記へお願いいたします。
〒三三一-八五〇七　さいたま市北区櫛引町二-六〇四
筑摩書房サービスセンター　電話〇四八-六五一-〇〇五三

ISBN978-4-480-06899-6 C0231

ちくま新書

1031
北朝鮮で何が起きているのか
――金正恩体制の実相
伊豆見元

ミサイル発射、核実験、そして休戦協定白紙化――北朝鮮が挑発を繰り返す裏には、金正恩の深刻な権威不足があった。北朝鮮情勢分析の第一人者による最新の報告。

1185
台湾とは何か
野嶋剛

国力において圧倒的な中国・日本との関係を深化させる台湾。日中台の複雑な三角関係を波乱の歴史、台湾の社会・政治状況から解き明かし、日本の針路を提言。

900
日本人のためのアフリカ入門
白戸圭一

負のイメージで語られることの多いアフリカ。しかし、それらはどこまで本当か？　メディアの在り方を問い直しつつ「新しいアフリカ」を紹介する異色の入門書。

1057
ヴァティカンの正体
――究極のグローバル・メディア
岩渕潤子

幾多の転換期を生き延びたヴァティカンのメディア戦略を歴史的に俯瞰し、特に宗教改革、対抗宗教改革における生き残り策から、日本が学ぶべきことを検証する。

945
緑の政治ガイドブック
――公正で持続可能な社会をつくる
デレク・ウォール
白井和宏訳

原発が大事故を起こし、グローバル資本主義が行き詰まった今の日本で、私たちはどのように社会を変えていけばいいのか。巻末に、鎌仲ひとみ×中沢新一の対談を収録。

1075
慰安婦問題
熊谷奈緒子

従軍慰安婦は、なぜいま問題なのか。背景にある戦後補償問題、アジア女性基金などの経緯を解説。特定の立場によらない、バランスのとれた多面的理解を試みる。

1033
平和構築入門
――その思想と方法を問いなおす
篠田英朗

平和はいかにしてつくられるものなのか。武力介入や犯罪処罰、開発援助、人命救助など、その実際的手法と背景にある思想をわかりやすく解説する、必読の入門書。

ちくま新書

1050 知の格闘 ――掟破りの政治学講義 御厨貴

政治学が退屈だなんて誰が言った？ 行動派研究者の東京大学最終講義を実況中継。言いたい放題のおしゃべりにゲストが応戦。学問が断然面白くなる異色の入門書。

1005 現代日本の政策体系 ――政策の模倣から創造へ 飯尾潤

財政赤字や少子高齢化、地域間格差といった、わが国の喫緊の課題を取り上げ、改革プログラムのための思考を展開。日本の未来を憂える、すべての有権者必読の書。

1176 迷走する民主主義 森政稔

政権交代や強いリーダーシップを追求した「改革」がもたらしたのは、民主主義への不信と憎悪だった。その背景に何があるのか。政治の本分と限界を冷静に考える。

1150 地方創生の正体 ――なぜ地域政策は失敗するのか 山下祐介 金井利之

「地方創生」で国はいったい何をたくらみ、地方をどう支配しようとしているのか。気鋭の社会学者と行政学者が国策の罠を暴き出し、統治構造の病巣にメスを入れる。

1111 平和のための戦争論 ――集団的自衛権は何をもたらすのか？ 植木千可子

「戦争をするか、否か」を決めるのは、私たちの責任になる。集団的自衛権の容認によって、日本と世界はどう変わるのか？ 現実的な視点から徹底的に考えぬく。

1122 平和憲法の深層 古関彰一

日本国憲法制定の知られざる内幕。そもそも平和憲法は押し付けだったのか。天皇制、沖縄、安全保障……その背後の政治的思惑、軍事戦略、憲法学者の主導権争い。

1152 自衛隊史 ――防衛政策の七〇年 佐道明広

世界にも類を見ない軍事組織・自衛隊はどのようにできたのか。国際情勢の変動と平和主義の間で揺れ動いてきた防衛政策の全貌を描き出す、はじめての自衛隊全史。

ちくま新書

1173 暴走する自衛隊　纐纈厚
自衛隊武官の相次ぐ問題発言、国連PKOへの参加、庁から省への昇格、安保関連法案の強行可決、文官優位の廃止……。日本の文民統制はいま、どうなっているか。

465 憲法と平和を問いなおす　長谷部恭男
情緒論に陥りがちな改憲論議と冷静に向きあうには、そもそも何のための憲法かを問う視点が欠かせない。この国のかたちを決する大問題を考え抜く手がかりを示す。

594 改憲問題　愛敬浩二
戦後憲法はどう機能してきたか。改正でどんな効果が期待できるのか。改憲論議にはこうした実質を問う視角が欠けている。改憲派の思惑と帰結をクールに斬る一冊！

294 デモクラシーの論じ方　——論争の政治　杉田敦
民主主義、民主的な政治とは何なのか。あまりに基本的と思える問題について、一から考え、デモクラシーにおける対立点や問題点を明らかにする、対話形式の試み。

722 変貌する民主主義　森政稔
民主主義の理想が陳腐なお題目へと堕したのはなぜか。その背景にある現代の思想的変動を解明し、複雑な共存のルールへと変貌する民主主義のリアルな動態を示す。

1168 「反戦・脱原発リベラル」はなぜ敗北するのか　浅羽通明
楽しくてかっこよく、一〇万人以上を集めたデモ。だが原発は再稼働し安保関連法も成立。なぜ勝てないのか？勝ちたいリベラルのための真にラディカルな論争書！

800 コミュニティを問いなおす　——つながり・都市・日本社会の未来　広井良典
高度成長を支えた古い共同体が崩れ、個人の社会的孤立が深刻化する日本。人々の「つながり」をいかに築き直すかが最大の課題だ。幸福な生の基盤を根っこから問う。

ちくま新書

659 現代の貧困 ――ワーキングプア／ホームレス／生活保護 岩田正美

貧困は人々の人格も、家族も、希望も、やすやすと打ち砕く。この国で今、そうした貧困に苦しむのは「不利な人々」ばかりだ。なぜ？ 処方箋は？ をトータルに描く。

787 日本の殺人 河合幹雄

殺人者は、なぜ、どのように犯行におよんだのか。彼らにはどんな刑罰が与えられ、出所後はどう生活しているか……。仔細な検証から見えた人殺したちの実像とは。

1116 入門 犯罪心理学 原田隆之

目覚ましい発展を遂げた犯罪心理学。最新の研究により、防止や抑制に効果を発揮する行動科学となった。「新しい犯罪心理学」を紹介する本邦初の入門書！

937 階級都市 ――格差が街を侵食する 橋本健二

街には格差があふれている。古くは「山の手」「下町」と身分によって分断されていたが、現在もその構図は変わっていない。宿命づけられた階級都市のリアルに迫る。

1020 生活保護 ――知られざる恐怖の現場 今野晴貴

高まる生活保護バッシング。その現場では、いったい何が起きているのか。自殺、餓死、孤立死……。追いつめられ、命までも奪われる「恐怖の現場」の真相に迫る。

1113 日本の大課題子どもの貧困 ――社会的養護の現場から考える 池上彰編

格差が極まるいま、家庭で育つことができない子どもが増えている。児童養護施設の現場から、子どもの貧困についての実態をレポートし、課題と展望を明快にえがく。

1125 ルポ 母子家庭 小林美希

夫からの度重なるDV、進展しない離婚調停、親子のギリギリの生活……。社会の矛盾が母と子を追い込んでいく。彼女たちの厳しい現実と生きる希望に迫る。